Robert Habeck
Wer wir sein könnten

Robert Habeck

Wer wir sein könnten

Warum unsere Demokratie eine offene
und vielfältige Sprache braucht

Kiepenheuer & Witsch

Verlag Kiepenheuer & Witsch, FSC® N001512

4. Auflage 2018

© 2018, Verlag Kiepenheuer & Witsch, Köln
Alle Rechte vorbehalten. Kein Teil des Werkes darf in irgendeiner
Form (durch Fotografie, Mikrofilm oder ein anderes Verfahren)
ohne schriftliche Genehmigung des Verlages reproduziert oder unter
Verwendung elektronischer Systeme verarbeitet, vervielfältigt oder
verbreitet werden.
Umschlaggestaltung: Rudolf Linn, Köln
Umschlagmotiv: © Dennis Williamson
Gesetzt aus der Arno Pro
Satz: Buch-Werkstatt GmbH, Bad Aibling
Druck und Bindung: CPI books GmbH, Leck
ISBN 978-3-462-05307-4

Für die jenseits der Mauer

»Es ist nur die Frage«, sagte Alice, »ob Sie Wörter einfach so sehr Unterschiedliches bedeuten lassen können.«

»Es ist nur die Frage«, sagte Humpty Dumpty, »wer hier das Sagen hat.«

LEWIS CARROLL, *Alice im Wunderland*

Inhalt

Sprache schafft Wirklichkeit

Sprache schafft die Welt. Sie ist nie nur Abbildung von ihr, sondern bringt sie immer auch hervor. Das gilt grundsätzlich. Und das gilt erst recht für die aktuelle politische Debatte in Deutschland, die in den letzten Monaten von Sprachverrohung und Stigmatisierung geprägt war. Nach einer langen Zeit der politischen Sprachlosigkeit ist eine des politischen Brüllens und Niedermachens angebrochen. Kränkungen lösen Argumente ab, Beleidigungen werden probates Mittel der gesellschaftlichen Diskussion. Statt sich zu widerlegen, beginnt man, sich gegenseitig zu bezichtigen. Die Konsequenz ist, dass sich Milieus und Gruppen immer fester zusammenschließen und immun machen für Argumente und Interessen, die nicht ihre sind. Denn wenn man nur lange genug abgewertet und missachtet wird, erlahmen irgendwann Toleranz, Verständnis, Anteilnahme. Sich auf einen Kompromiss einzulassen, gemeinsame Ziele, mindestens eine gemeinsame Problemstellung, zu formulieren, wird dann immer schwieriger.

Nun kann man Kompromissfähigkeit als laue Politik abtun und sich über die Polarisierung freuen. Aber Kompromissunfähigkeit ist kein Beleg dafür, dass man sich mit der Wirklichkeit auseinandersetzt. Sich für die Sicht von anderen immun zu machen, mündet in Rechthaberei. Und die kennt nur Schmähung und Skandal, sieht nur Opfer und Verräter. Und zwar sich selbst als Opfer und die anderen als Verräter. So kommen wir wohl kaum zu neuen politischen Einsichten, von Lösungen gar nicht zu reden.

Wie diese sprachliche Grenzverschiebung der letzten Zeit funktioniert, der immer auch eine politische folgt – ja folgen muss, wenn Sprache Welt ist –, und was der Unterschied ist zwischen fundamentalistischem und demokratischem Sprechen, möchte ich in diesem kleinen Buch skizzieren. Und ich möchte der Frage nachgehen, wie wir eine offene, dem Menschen zugewandte, kritische und kritikfähige, streitbare und kompromissfähige Gesellschaft sein können – überzeugt davon, dass den Anfang dafür die Sprache schafft.

Im Sommer 2018 konnte man in Chemnitz beobachten, was passiert, wenn sprachliche Verrohung wirkliche wird, wenn aus politischer Jagd Jagd auf Menschen wird. Und wenn der Rechtsstaat sein Gewaltmonopol nicht mehr durchsetzen kann, dafür sich aber rohe Gewalt auf der Straße durchsetzt. Dass Innenminister Horst Seehofer, der mit Blick auf die Geflüchteten der Jahre 2015 von einer »Herrschaft des Unrechts« sprach, angesichts dieser Vorkommnisse erst lange schwieg und dann dürre Sätze fand, in denen er es nicht fertigbrachte, Begriffe wie »rassistisch«, »rechte Gewalt«, geschweige denn »Neonazi« unterzubringen, zeigt, dass auch falsche Sprachlosigkeit ein politisches Problem ist und falsches Verständnis für das Gesagte die Grenze des Sagbaren immer weiter verschiebt.

Das Buch bleibt auf der Ebene der politischen Sprache. Das ist seine Grenze. Aber zu sagen, es handele nur von politischer Sprache, würde diese Grenze zu eng ziehen. Denn wie wir sprechen, entscheidet darüber, wer wir sind. Und wer wir sein könnten. Nur was wir sagen können, können wir denken. Was wir aussprechen, wird Wirklichkeit. Lobe einen Menschen, und seine Freude darüber macht ihn selbstbewusster, kritisiere ihn, und er zweifelt an sich. Erst als wir Worte für sie hatten, gab es sie: die romantische Liebe.

Ich benutze das Beispiel der romantischen Liebe manchmal bei Podiumsdiskussionen, wenn es um die Frage geht, ob auch liberale, progressive, linke Politikerinnen und Politiker verhunzte oder mindestens beschwerte Begriffe wie »Heimat«, »Gemeinwohl«, »Gemeinschaft«, »Patriotismus« oder sogar »Deutschland«

verwenden dürfen. Ich meine, dass sie es sollten. Denn wenn wir auf Begriffe verzichten, weil sie im Lauf der Geschichte missbraucht und in anderen Kontexten anders interpretiert wurden, könnten wir auch nicht mehr über »Freiheit«, »Leistung«, »Verantwortung« oder eben »Liebe« sprechen. Die Forderung, jedes Wort aus unserem Sprachschatz zu streichen, das schon einmal politisch anders verwendet wurde, wiederholt implizit eine falsche Annahme über das, was Sprache ist und macht. Sprache repräsentiert nicht etwas, was ohne sie da wäre, sondern bringt aktiv Wirklichkeit hervor.

Ich will damit nicht leugnen, dass es ein Gefühl wie Liebe auch vor dem Zeitalter der romantischen Liebe schon gegeben hat. Und ich will auch nicht sagen, dass Liebe ein rein sprachliches Erzeugnis ist. Dieses Gefühl, füreinander bestimmt zu sein, aufeinander zu achten und achtgeben zu müssen, Innigkeit, Vertrautheit – all das hatte schon immer eine fundamentale Bedeutung für Menschen. Aber die romantische Liebe, wie wir sie kennen, gab es nicht immer. Vor allem die Literatur und Kunst – angefangen bei Shakespeares »Romeo und Julia« bis Goethes »Leiden des jungen Werthers«, von Petrarca bis Friedrich Schlegels »Lucinde« – schuf das Konzept der romantischen Liebe. Sie ist eine soziale Erfindung, eine Errungenschaft. Kein Gefühl, sondern eine »Gefühlsdeutung«, wie der Soziologe Niklas

Luhmann es einmal formulierte. Und diese Gefühlsdeutung fällt nicht zufällig mit dem Ende des Mittelalters und dem Beginn der Moderne zusammen. Denn die Moderne unterscheidet sich vom Mittelalter vor allem durch die Vorstellung einer offenen, nicht festgelegten Zukunft und durch die Möglichkeit, zumindest die Hoffnung, als Individuum eigene Erfahrungen sammeln, eigene Wege gehen, ein eigenes Leben leben zu können. Dadurch aber wurde die Gegenwart der Menschen ziemlich unübersichtlich. Die ständische Ordnung begann, sich aufzulösen. Dass man nur innerhalb seines Milieus, seiner Religion, seiner Klasse heiraten durfte, dass Eltern für Kinder Braut oder Bräutigam aussuchten, dass Liebe Ordnung schuf, diese Zeit war vorbei. Stattdessen gab es Chaos. Vor allem ein Chaos der Herzen.

Die neue Form der Freiheit brauchte eine neue Kategorie der Ordnung, eine Rechtfertigung, relevant zu sein, obwohl Eltern, Fürst, Gesellschaft sie noch als Verirrung einstuften. Und so wurde die romantische Liebe erfunden. Sie sortierte das Chaos. Sie stiftete Sinn. Und zwar, indem sie den geliebten Menschen überhöhte. Das Wesen der Person, seine Seele, sein Menschsein – all das war es nun, was die Liebenden füreinander einnahm und bis heute einnimmt – mit Haut und Haar. Wer er oder sie war, was sie verdiente, an wen er glaubte – das wollte man nicht wissen, und es sollte auch nicht mehr relevant sein.

Die romantische Liebe ist ein Konzept, das stabilisiert. Allerdings nicht mehr auf der Basis eines objektiven Teilaspekts wie eines guten Elternhauses, einer reichen Mitgift, der Interessen von Familien, sondern aufgrund der Erscheinung der ganzen Person. Im Ideal der romantischen Liebe lieben wir einen Menschen, so wie er oder sie ist, mit all seinen Fehlern und Schwächen. Ja, gerade Fehler und Schwächen werden in dieser Liebe zu verehrungswürdigen Eigenheiten übersteigert. Die Übertreibung schafft die Faszination. In dem Sinn ist romantische Liebe immer total. Wir kennen den Menschen, den wir lieben, ja eigentlich gar nicht, wenn wir uns in ihn oder sie verlieben. Aber wir projizieren alles, was noch kommen mag – die gesamte Zukunft –, in das geliebte Gegenüber bzw. machen uns die Einstellungen des anderen zu eigen.

Im Spätkapitalismus leben ganze Branchen von diesem Konzept der Liebe. Popsongs behaupten, »all you need is love«; Hollywood hat eine ganze Industrie auf der filmischen Vermarktung von Liebesbeziehungen aufgebaut, kein Agentenfilm ohne Küsse, kein Kriegsdrama ohne Schmachten, kein Schmerz ohne Herz; Kosmetika und Parfüms haben eine ganz eigene Bildsprache, um Verlangen darzustellen und Duftmarken des Individuellen zu prägen.

Liebe ist eine sprachliche Erfindung, die eine gesellschaftliche Wirklichkeit geschaffen hat. Und keineswegs die einzige. Man könnte Ähnliches über Weihnachten, das bei uns Deutschen Wehmut und Gefühlsschwere auslöst, in unserem Nachbarland Dänemark ein fröhliches Fest ist, ausführen, über die Unbescholtenheit und Unbeschwertheit von Kindheit, die auch erst zu einem eigenen Wert gemacht wurde, oder über das Geld, dessen Wert davon abhängt, wie über das Geld gesprochen wird. Dass Börsenspekulationen immer auch Psychologie sind, ist eine technische Umschreibung dafür, dass sich Vertrauen durch Sprache bildet. Wenn Bundeskanzlerin Angela Merkel und ihr damaliger Finanzminister Peer Steinbrück im Oktober 2008 nicht vor die Kameras getreten wären und behauptet hätten, unser Geld sei sicher, wäre es nicht sicher gewesen. Wenn wir nicht an den Wert des Systems Geld glauben würden, das System würde zusammenbrechen.

Das gilt erst recht für die Sprache der Politik. Unsere Welt ist eben nicht einfach da, und wir Politiker müssten nur angemessen oder besser erzogen über sie reden, wie der FDP-Vorsitzende Christian Lindner meint, wenn er eine »verprollte, vertrumpte Sprache« beklagt. Auch diejenigen verfehlen den Punkt, die behaupten, die CSU habe in den Sommermonaten 2018 in der politischen Auseinandersetzung mit der CDU in der Sache recht gehabt, lediglich der sprachliche Stil sei falsch gewesen. Es ging und geht nicht um Stilfragen. Es geht um mehr: weil Sprache eben eine konstituierende Funktion hat. Weil bei all den sprachlichen Attacken der letzten Zeit – und sei es manchmal auch unbeabsichtigt – via Sprache tatsächlich schon eine andere »Wirklichkeit« entstanden ist.

Sprache ist Handlung

In der Politik ist Sprache das eigentliche Handeln. Ganz buchstäblich. Indem Eide geschworen oder Verfassungen und Gesetze beschlossen werden, tritt eine neue Wirklichkeit in Kraft. »Im Bewusstsein seiner Verantwortung vor Gott und den Menschen, von dem Willen beseelt, als gleichberechtigtes Glied in einem vereinten Europa dem Frieden der Welt zu dienen, hat sich das Deutsche Volk kraft seiner verfassungsgebenden Gewalt dieses Grundgesetz gegeben«, hebt das Grundgesetz der Bundesrepublik Deutschland an. Mit dem Satz der amerikanischen Unabhängigkeitserklärung »Wir halten diese Wahrheiten für ausgemacht, dass alle Menschen gleich erschaffen worden, dass sie von ihrem Schöpfer mit gewissen unveräußerlichen Rechten begabt worden, worunter sind Leben, Freiheit und das Bestreben nach Glückseligkeit« waren diese Wahrheiten in den Vereinigten Staaten ausgemacht. Und mit der Allgemeinen Erklärung der Menschenrechte bekamen sie universalen Anspruch: »Alle Menschen sind frei und gleich an Würde und Rechten geboren. Sie sind mit Vernunft und Gewissen begabt und sollen einander im Geist der Brüderlichkeit begegnen.«

Auch in der konkreten Auseinandersetzung eines verunsicherten Deutschlands ist Sprache Politik und Politik Sprache. Mehr noch: Die letzten drei Jahre – und vor allem der Sommer 2018 – machten die Sprache selbst zum Gegenstand politischer Auseinandersetzung.

Lange schien vergessen, was wir eigentlich alle wissen: dass Sprache in der Politik keine Stilfigur ist und ihre Analyse nicht nur etwas für Linguisten und Politikwissenschaftler, sondern dass sie selbst den Inhalt von Politik ausmacht. Der politische Rechtsruck macht sich zuallererst an der Sprache fest. AfD-Radikale wie der Brandenburger Parteivorsitzende Andreas Kalbitz beschrieben beim sogenannten Kyffhäusertreffen 2018 die AfD als »Totengräber der fauligen Reste dieser 68er-Zersetzung« und sprachen von einem »am Boden liegenden, entmerkelten Rest einer Nation«. Für die stellvertretende AfD-Chefin Beatrix von Storch ist Angela Merkel die »größte Rechtsbrecherin der deutschen Nachkriegsgeschichte«. Alice Weidel, die Fraktionsvorsitzende der AfD, twittert von »Zensurgesetzen« und der »Unterwerfung unserer Behörden vor den importierten, marodierenden, grapschenden, prügelnden, Messer stechenden Migrantenmobs, an die wir uns gefälligst gewöhnen sollen«. AfD-Landesvorsitzende bezeichnen die deutsche Demokratie als »Altparteien-kartell und Fassadendemokratie«. Den gleichen Begriff verwendet Sahra Wagenknecht. Der italienische Innen-minister bezeichnet Geflüchtete als »Menschenfleisch«. Vor »Geflüchtete« wird »sogenannte« geschrieben.

Auch ohne genauere Analyse bemerkt man, dass dies eine andere Sprache ist, als sie bisher im demokrati-schen Streit gesprochen wurde. Und ich möchte mit die-sem Buch einen Beitrag dazu leisten, zu verstehen, was genau an dieser Sprache anders ist und wie sich durch sie die Politik selbst verändert.

Ja, auch die Sprache linker Politik ist bei Weitem nicht immer nüchtern und ausgewogen. Sie ist oft bevormun-dend und manchmal ausgrenzend. Noch häufiger ist sie schlicht gedankenlos und blutleer. Im schlimmsten Fall übernimmt sie einfach rechte Sprachbilder. Und das schließt mich selbst ein. Wenn man den ganzen Tag re-den muss und im Innenkosmos der Politik ist, unterlau-fen einem Fehler, Gedankenlosigkeiten. Man wird hinge-rissen, selbst ab und zu mal deftig sprachlich auszuteilen. Ich werde auch dieser linken Sprachschwäche nachgehen und versuchen nachzuzeichnen, welchen Anteil sie am Erstarken des Rechtspopulismus und der Neuen Rech-ten hat. Am Ende jedoch geht es mir darum, eine Pers-pektive aufzuzeigen, eine sprachliche, eine politische. Deshalb dieses Buch. Deshalb dieses Buch jetzt.

Wer wach auf die demokratischen Gesellschaften schaut, sieht, dass etwas ins Rutschen geraten ist. Dinge passieren, die man für nicht möglich gehalten hat. Trump wird amerikanischer Präsident, Großbritannien tritt aus der EU aus, in Italien regieren Links- und Rechtspopulisten gemeinsam. Es ist die Zeit, sich politisch einzumischen. Die Jahre der Alternativlosigkeit sind vorbei. Sie werden abgelöst durch eine Zeit des politischen Rechtsrucks und der sprachlichen Ideologisierung. Was wir also brauchen, ist eine Sprache, die Alternativen zulässt, die offen ist. Für eine Politik, die Vielfalt und Verschiedenheit als Stärke und Reichtum begreift. Dieses Buch ist der Versuch einer Annäherung.

Es gibt keine Politik vor und jenseits der Sprache

Politik steht nie still. Immer gibt es etwas zu tun, etwas zu ändern, etwas zu debattieren. Erst wenn Menschen sich nicht mehr ändern würden, die Zeit stillstünde, es keine Veränderungen und keinen Fortschritt mehr gäbe, müssten wir uns nicht mehr vergewissern, wer wir sind, wer wir sein könnten und wer wir sein wollen. Das ist weder erstrebenswert noch wäre es besonders lustig. Die Verheißung des Paradieses auf Erden ist eigentlich ein Fluch. Goethe hat das erkannt. Wenn Faust zum Augenblick sagen kann: »Verweile doch, du bist so schön«, gehört seine Seele dem Teufel. Der Himmel ist nur für Engel da. Und die sind geschlechtslos.

Also ist Politik Auseinandersetzung und Meinungsringen um die gesellschaftliche Wirklichkeit. In der Politik ist Sprache kein politisches Instrument neben anderen. Es gibt faktisch keine Politik vor und jenseits der Sprache. Wie in der Politik etwas gesagt wird, entscheidet, was in der Politik gedacht und was gemacht wird.

Über viele Jahre hatte man in Deutschland den Eindruck, dass es politisch um nicht viel geht. Angela Merkel übernahm politische Positionen der Opposition – den Atomausstieg, die Abschaffung der Wehrpflicht, den Mindestlohn –, erläuterte ihre politischen Drehungen und Wendungen indes kaum. Das gilt erst recht für die Bankenrettung, die die Niedrigzinspolitik einleitete, und für die Aufnahme der Flüchtlinge aus Budapest im September 2015. Weil es keine sprachlichen Erläuterungen gab, gab es auch keine Angriffsfläche. »Wir schaffen das« war eine Behauptung, eine starke Behauptung. Aber eben nur das. Wenn man etwas behauptet, ohne es mit einer Anschauung zu unterlegen, dann geht das meistens schief.

Dabei ging es politisch die ganze Zeit über um extrem viel. Wie wir heute immer deutlicher sehen, höhlte die Globalisierung und Liberalisierung der Wirtschaft die liberale Demokratie selbst aus, wurde der Klimaschutz langsam, aber sicher ad acta gelegt, gelang es nicht, eine europäische Idee jenseits der ökonomischen Union zu formulieren. Letztere speist sich aus der Idee, dass »der« Markt schon dafür sorgen werde, dass sich die Lebensverhältnisse angleichen und am Ende alle gewinnen. Aber das erwies sich als falsch.

Nun kann man von einer Regierung kaum fordern, dass sie eine Opposition gegen sich selbst formuliert.

Und man kann Angela Merkel auch nicht vorwerfen, dass sie als Regierungschefin eine Sprache entwickelt hat, die möglichst wenig Angriffspunkte bietet. Die muss die Opposition schon selbst finden. Und das gelang ihr nicht. Eine Politik der »Alternativlosigkeit« konnte also nicht zuletzt entstehen, weil es viele Jahre lang auch sprachlich so ruhig zuging. So ruhig, dass man fast vergessen konnte, wie sehr Politik und Sprache miteinander verwoben sind. Am Ende glaubten wir, Politik sei der Streit über 0,5 oder 1,5 Prozent mehr oder weniger von diesem oder jenem. Das kulminiert dann in Formulierungen wie »atmender Deckel«, sowohl für die Anzahl der Flüchtlinge, die wir bereit sind aufzunehmen, als auch für das neue Ausschreibungssystem bei Windkraftanlagen. Oder wie der »doppelten Haltelinie«, mit der die SPD das Absinken der Rente verhindern will. Hölzerner geht es kaum. Die sprachliche Trägheit entspricht der politischen. Die Möglichkeit einer anderen Politik wird nicht artikuliert. Aber Politik ist eben nicht der Streit um 0,5 oder 1,5 Prozent mehr oder weniger von diesem oder jenem. Sie ist der Streit über mögliche Welten.

Alltägliche politische Arbeit manifestiert sich nicht zuletzt in dem Versuch, Formulierungen zu finden, Begriffe zu besetzen, um beim politischen Gegner, mehr noch in der Öffentlichkeit, ein Bewusstsein für politische Probleme zu schaffen. Wenn zum Beispiel seit einigen Jahren statt von der »Klimakatastrophe« – 2007 von der Gesellschaft für deutsche Sprache immerhin noch zum Wort des Jahres gewählt – vom »Klimawandel« geredet wird, dann hat man das gute Gefühl, einen Wandel gestalten zu können. So versuchen wir Grünen bewusst von der »Klimakrise« zu reden, um die Dramatik der Situation wenigstens etwas deutlicher zu machen. (Der Begriff wurde inzwischen übertroffen durch das Wort »Heißzeit«, das im Juli 2018 während der Dürre aufkam.)

Die konservativen Parteien wollen kein »Einwanderungsgesetz«, weil sie nicht wollen, dass Deutschland ein Einwanderungsland wird, stattdessen sprechen sie von einem »Fachkräftezuwanderungsgesetz« – was faktisch das Gleiche ist, aber eine andere sprachliche Wirklichkeit entstehen lässt. Und sie sprechen von »Lohnuntergrenze«, weil sie nicht »Mindestlohn« sagen wollen.

Bei Diskussionen mit Vertretern der konventionellen Landwirtschaft löste der Begriff »Massentierhaltung«, immer wenn ich ihn benutzte, große Empörung aus. Er ist ein starker, polemischer Begriff. Denn eine Vorstellung von Masse hat irgendwie jeder. Ich wurde allerdings immer gefragt, wie ich Masse definieren würde. Und da bei Fragen des Tierschutzes eigentlich das individuelle Tier und sein Leid im Mittelpunkt stehen, geriet ich schnell in die Defensive. Also drehte ich den Spieß irgendwann um und sprach nur noch von »industrieller Tierhaltung« bzw. »industrieller Landwirtschaft«. Auch mit diesen Begriffen entsteht eine starke Vorstellung vor dem inneren Auge. Aber er ist präziser. Industrielle Fertigung meint Arbeitsteilung mittels Technik, Mechanisierung, Automatisierung und die Abhängigkeit von der permanenten Erhöhung der Produktivität. Und genau diese Abhängigkeit spüren die meisten Bauern heute.

Und wenn Politiker von »Herdprämie« sprechen, versuchen sie eine Politik abzuwerten, die ein konservatives Frauenbild vertritt und unter anderem die Berufstätigkeit von Müttern skeptisch sieht. Das »Heimchen am Herd« ist negativ besetzt, und diese negative Bewertung soll auf die Politik ausstrahlen. Dass sich damit wahrscheinlich die Frauen, die sich bewusst für ein solches Familienmodell entschieden haben, herabgesetzt fühlen, wird als Kollateralschaden in Kauf genommen. Wenn umgekehrt eine konservative Politik von »Mütterrente« spricht, dann versucht sie positiv zu deuten, wenn Mütter nicht berufstätig waren, weil sie sich um ihre Kinder gekümmert haben.

Nun ist es das eine, wenn sich Politiker Gedanken über ihre Sprache machen und versuchen, bestimmte

Begriffe zu nutzen, um die öffentliche Meinung für sich zu gewinnen. Etwas anderes ist es, mit diesen Begriffen im politischen Alltag und in der Debatte rhetorisch bestehen zu müssen bzw. Menschen gegenüberzustehen, deren Selbstverständnis man mit der eigenen Sprache quasi beleidigt. Insofern gibt es einen Unterschied zwischen »Massentierhaltung« und »Herdprämie« einerseits und »Klimakrise« oder »Fachkräftezuwanderungsgesetz« andererseits. Die einen können oder sollen als Angriffe verstanden werden. Die anderen müssen sich im Streit, im Konflikt bewähren. Gemeinsam ist ihnen jedoch, dass sie deutlich machen, dass es keine Politik vor oder jenseits der Sprache gibt.

Demokratie lebt vom Streit und Kompromiss

Dass die Sprache in der Politik umkämpft ist, darüber sollte man nicht klagen. Dass Politikerinnen und Politiker versuchen, mit Begriffen und Sätzen Deutungsmuster zu schaffen und damit die Wirklichkeit in ihrem Sinn zu gestalten, ist die Idee der Demokratie. Dass Politikerinnen und Politiker miteinander streiten, macht den Kern einer lebendigen, vielfältigen Gesellschaft aus. Politischer Streit ist die Voraussetzung für eine Demokratie der vielen. Und eine Wahl zu haben, ist – insbesondere in einer turboschnellen Welt – vielleicht der einzige Garant dafür, dass wir auf der Höhe der Gegenwart bleiben können.

Ein kleines Beispiel dieser Streitfähigkeit boten meine letzten Amtstage als Umweltminister in Schleswig-Holstein. In einer kleinen Gemeinde im Lauenburgischen wurde vor Jahrhunderten ein See trockengelegt. In der Senke aber sammelt sich noch heute viel Wasser, und im Frühjahr ist es ein wahres Vogelparadies. Mein Ministerium und ich wollten dieses Gebiet als Naturschutzgebiet ausweisen. Ein Sturm der Empörung brach über uns herein. Bauern protestierten, die Gemeinden beschlossen Resolutionen, Bürgerinitiativen pro und kontra wurden gegründet, Umweltverbände mobilisierten. Als ich im August 2017 zu einer großen Versammlung im Ort fuhr, musste ich mir den Weg durch einen übervollen Saal bahnen. In der Diskussion selbst ging es zur Sache. Nachbarn beschimpften sich mit hochrotem Kopf. Und ich bekam natürlich auch mein Fett ab. Aber als einer der kommunalen Vertreter vorschlug, ich solle ihnen doch die Chance geben, das, was ich wollte, selbst zu machen, wurde es plötzlich konstruktiv. Ich nahm das Angebot an. Wir verzichteten auf die Form – Ordnungsrecht mittels Verordnung –, unter der Bedingung, dass wir den Inhalt – höhere Grundwasserstände, keine Bejagung etc. – bekommen würden. Ein Jahr später sollte evaluiert werden. Und als ich im August 2018 wieder in dem Ort war, stritten wir zwar noch ein bisschen über das Wie und das Wann, aber nicht mehr über das Was. Der Ort hatte zusammengefunden, es herrschte fast eine Euphorie des gemeinsamen Aufbruchs.

Die Talkshows im Fernsehen und das ewige Hickhack der großen politischen Bühne führen zu einer extrem verzerrten Wahrnehmung. Es gibt ja die Fähigkeit, Kompromisse zu schließen zwischen Menschen, in den

Institutionen. Es findet ein Austausch der Argumente statt. Nur täuschen wir uns selbst über unsere Möglichkeiten, weil wir immer nur nach Sieg oder Niederlage urteilen. Wenn Politik nicht doofer sein will als ihr Ruf, dann muss sie sich von den Ritualen des Sieges und der Niederlage frei machen.

Demokratie ist ein Ausgleich der Interessen. Und die Verfahren der Demokratie sichern halbwegs, dass dieser ohne Gewalt vonstattengeht, dass Minderheitenrechte gewahrt werden, dass andererseits nicht jedes Partikularinteresse Anspruch auf Gültigkeit hat. Die Fähigkeit, einen Konsens herzustellen, macht den Kern von Demokratie aus. Und dieser Kern wird gesichert durch Rechtsstaatlichkeit und Gewaltentrennung. Und durch eine Sprache, die konsensstiftend sein kann. All die autoritären Herrschaftsformen, die Diktaturen, Autokratien und Regime von Warlords, unterscheiden sich von funktionierenden Demokratien nicht nur dadurch, dass sie ein strenges, autoritäres Regelwerk befolgen, sondern eben oft auch dadurch, dass sie sich selbst nicht an ein Regelwerk halten. Dass sie korrupt sind und Vetternwirtschaft blüht. Dass es keine Kontrolle gibt, keine Gerichte, die nur den Gesetzen verpflichtet sind, sondern politische Urteile sprechen. Dass man eben keine Wahl hat. Macht ist schwächer, je autoritärer sie sich gibt. Wer keine Gegenreden zulässt, lässt sich in Wahrheit nicht auf die Wirklichkeit ein. Und erschreckend – und Auftrag an alle Demokraten, dem beizukommen – ist, dass genau das den Autokraten hilft, ihre Macht zu sichern.

Man kann mit gutem Grund davon ausgehen, dass die Zeit der Masterpläne – nicht nur die der Seehofer'schen – vorbei ist. Stattdessen brauchen wir das Experiment, den Versuch, die Kreativität. Voraussetzung dafür ist eine politische Debatte, die vor Streit um verschiedene Konzepte nicht zurückschreckt.

Wenn die politische Debatte dagegen alternativlos wird, dann wissen wir irgendwann nicht mehr, was alles möglich wäre und wer wir sein könnten. Dann gibt es uns jemand vor. Entweder durch gelebte Alternativlosigkeit. Oder weit schlimmer durch eine Politik des Durchregierens und am Ende eine Politik der Allmacht.

In Diktaturen gibt es keine Widerrede. Es regiert eine Orwell'sche Sprachpolizei, die bestimmte Begriffe und Worte verbannt. Würden Diktaturen allerdings »nur« Zensur ausüben und unliebsame Meinungen unterdrücken, dann würden sie keine eigene, neue Wirklichkeit schaffen. Also müssen Diktaturen die Sprache auch immer umgestalten. »Neusprech« nennt George Orwell das in seinem Roman »1984«. Diese »Sprachplanung« schränkt einerseits die Möglichkeiten der eigenen Sprache ein und damit die Freiheit dessen, was überhaupt gedacht werden kann, weil Wörter Ideen und diese Ideen die Vorstellung von einer anderen Wirklichkeit hervorrufen können. Und eine andere Wirklichkeit als die, die sie erzeugt hat, darf eine Diktatur nicht wollen. Das ist nun mal ihr Wesen.

Damit aber nicht genug. Sprachplanung deutet andererseits auch Begriffe und Sätze um. Damit übernimmt sie die Herrschaft über den Diskurs. Eine solche Form von Neusprech erleben wir gerade. Bei Orwell wird aus Krieg Frieden, bei Söder aus Not Tourismus, bei der AfD aus Grünen Nazis …

Die AfD und die Neuen Rechten streiten nicht nur um die bessere politische Ausrichtung. Sie verändern die Grundannahmen, innerhalb derer gestritten werden kann und soll. Prinzipien des Grundgesetzes wie eine unabhängige Presse oder die Freiheit der Kunst werden nicht anerkannt. Werte und Grundannahmen werden Schritt für Schritt umgedeutet, nämlich, dass alle Menschen frei und gleich an Würde und Rechten geboren sind. Wenn der Thüringer AfD-Vorsitzende Björn Höcke das Holocaust-Denkmal als ein »Denkmal der Schande im Herzen der Hauptstadt« bezeichnet oder die berühmte Rede von Bundespräsident Richard von Weizsäcker zum 40-jährigen Ende des Zweiten Weltkriegs als eine »Rede gegen das eigene Volk« umdeutet, dann arbeitet er mit anderen Grundannahmen als den

Prinzipien der Bundesrepublik Deutschland. Durch Begriffe und die täglichen Sprechakte und Provokationen werden die Prinzipien des politischen Streits so lange ausgehöhlt, bis die Gesellschaft insgesamt ihre eigenen Grundannahmen nicht mehr anerkennt. Sogar ohne es zunächst zu merken. So wird eine neue politische Wirklichkeit geschaffen. Die sprachliche Verrohung bereitet der gesellschaftlichen Verrohung den Weg. Was zuvor unsagbar war, wird real: Die Würde des Menschen wird antastbar.

Der Unterschied zur Sprache des demokratischen Streits ist, dass zunehmend eine Sprache entsteht, die Glauben und Folgsamkeit an die Stelle von Vernunft und Argumentation setzt. Damit wird der demokratische Streit unterminiert – und mit ihm irgendwann auch die freien Künste, die unabhängige Presse, die Freiheit von Wort und Bild und letztlich die Freiheit des Lebens. Diese Sprache will den Streit nicht als Zustand einer vielfältigen, miteinander ringenden Gesellschaft. Vielmehr setzt sie zum Kampf gegen diese Gesellschaft an. Der Unterschied ist ein schmaler Grat, aber einer, der aufs Ganze geht. Und die Frage ist, ob man in der Sprache der Politik erkennen kann, welch Geistes Kind sie ist.

Die Umwertung von Begriffen

Auf einer Podiumsdiskussion vor der Leipziger Buch-
messe 2018 trug der Schriftsteller und Deutscher-Buch-
preis-Träger Uwe Tellkamp seine Phobien vor einer
Einwanderung von Flüchtlingen in die deutschen Sozi-
alsysteme vor. Und garnierte seine Ansichten mit der Behauptung, dass es einen »Gesinnungskorridor zwischen
gewünschter und geduldeter Meinung« gäbe. Seine
Meinung sei »geduldet«, »erwünscht« sei sie nicht.

Das ist zunächst einmal ziemlich wehleidig: erst die
Meinungsfreiheit für die eigene Meinung in Anspruch
nehmen und dann einen Mangel an Meinungsfreiheit
beklagen, wenn andere eine andere Meinung haben und
äußern. Das verkehrt den Sinn von Meinungsfreiheit.

Zum anderen ist es für einen Schriftsteller noch in anderer Hinsicht eine erstaunliche Aussage. Klar, Schriftsteller wollen Bücher schreiben, die möglichst viel ge-
lesen werden, aber von der Gesellschaft zu verlangen,
dass jede Meinung eines Schriftstellers »erwünscht«
sein sollte, bedeutet entweder Opportunismus, Ego-

zentrik oder gelenkte Literatur. Es ist ja nicht zuletzt das Schreibethos der meisten Schriftsteller, gegen den gesellschaftlichen Mainstream anzuschreiben. Eine Welt zu zeichnen, die eine Distanz zur Normalität aufbaut, die Widerspruch und Reibung sucht. Das gilt auch für Welten, die mir politisch nicht behagen. Auch Konservative oder Reaktionäre schreiben literarisch oder philosophisch bedeutsame Werke. Manchmal großartige. Oft sogar, weil sie konservativ oder reaktionär sind, wie die von Knut Hamsun, Ernst Jünger, Botho Strauß, Martin Heidegger.

Mit dem Vorwurf des »Gesinnungskorridors« allerdings hebt Tellkamp die politisch-sprachliche Auseinandersetzung auf eine andere Ebene. Der Begriff »Gesinnung« – so wie Tellkamp und andere ihn verwenden – unterstellt, dass es eine grundlose, nicht diskutierte, quasi ideologische Übereinkunft in unserer Gesellschaft gibt, gegen die man anreden und anschreiben müsse. »Gesinnung« wird im Duden erläutert als »Haltung, die jemand einem anderen oder einer Sache gegenüber grundsätzlich einnimmt«, als »geistige und sittliche Grundeinstellung eines Menschen«. In dem politischen Kontext, in dem Tellkamp redet, geht es jedoch gar nicht um »Gesinnung«, sondern um Argumente. Es geht um Zahlen und Fakten. Tellkamp behauptet, dass »95 Prozent« der Flüchtlinge in Deutschland gar nicht vor Krieg oder Verfolgung geflüchtet seien. Das lässt sich überprüfen und hat sich schnell als falsch herausgestellt.

Das Entlarvende ist: Tellkamp, einem der Erstunterzeichner der »Charta 2017«, der anderen darin vorwirft, »eine Gesinnungsdiktatur« einzurichten, geht es selbst gar nicht um Argumente, nicht um richtig oder falsch, sondern eben um Gesinnung, die unabhängig von Fakten ist. Damit hat auch er eine Grenze überschritten, die inzwischen vielfach verwischt ist.

Da Sprache Welten und Vorstellungen schafft, ist jeder Vorwurf gleichzeitig ein Entwurf. Sprache schafft eine ganz bestimmte Wahrnehmung von Wirklichkeit. Und wenn Tellkamp und andere von »Gesinnungsdiktatur« sprechen, dann entwerfen sie das Bild eines Regimedeutschlands, das dem Nordkoreas, der Sowjetunion oder Nazideutschlands gleicht. In dem man nicht sagen darf, was man denkt, in dem der öffentliche Diskurs zensiert wird. Ähnlich argumentiert die AfD, wenn sie von »Systemmedien«, »Gleichschaltung«, »Zersetzung«, »Journaille« spricht. Offenbar sieht sie dabei nicht, dass ihre eigene politische Existenz der Beweis des Gegenteils ist. Mal ganz abgesehen davon, dass man mit gutem Grund argumentieren kann, dass die Empörungs- und Aufmerksamkeitsstrategie der Talkshows populistische Thesen erst groß gemacht haben. Aber Politiker sehen selten den Balken im eigenen Auge.

Ein Schriftsteller allerdings sollte wissen, wie Sprache wirkt. Wenn von Gesinnung gesprochen wird, geht es nicht mehr um Argumente, sondern um Ideologie. Und interessanterweise wird sie immer nur dem anderen unterstellt. Das ist auch der Unterschied zur »Gesinnung« des Grundgesetzes und der allgemeinen Erklärung der Menschenrechte. Ja, diese Dokumente sind nicht zuletzt Zeugnisse einer »geistigen und sittlichen Grundeinstellung« einer Gesellschaft. Aber sie sind selbstreflexiv. Sie tragen die Zweifel des potenziellen Missbrauchs der Macht in sich. Sie sehen nicht nur die anderen, sondern auch sich selbst. Auch Gegner der Mehrheitsmeinung haben ihre Rechte. Es gibt Verfahren, die Gesetze zu ändern, selbst die Verfassung. Das ist das beste Beispiel für eine selbstkritische Demokratie: dass das Grundgesetz Regeln aufstellt, wie es geändert werden kann.

Und ebendieses selbstkritische Denken, dass auch Andersdenkende Rechte haben, wird jetzt auf perfide Weise attackiert. Die autoritären Bewegungen sagen eben nicht: »Menschenrechte sollen nicht mehr gelten und schon gar nicht universal«, sondern sie unterstellen den Demokraten eine »Gesinnung« (wahlweise »Moral« oder »Hypermoralismus«), um Argumente und einen produktiven Diskurs erst gar nicht mehr zuzulassen. Der Medienwissenschaftler Norbert Bolz twitterte kürzlich: »Aufklärer ist, wer einen Beitrag zur Entmoralisierung des politischen Diskurses leistet.« Damit diskreditiert er Mitleid, damit macht er die Idee der Gleichheit, der Menschenwürde, der Grundwerte verächtlich.

Viel wurde von konservativen und sich selbst für christlich haltenden Politikerinnen und Politikern jüngst von der »christlich-jüdischen Tradition« unserer Kultur gesprochen. Auch in den Programmen von CDU, SPD und AfD finden sich ähnliche Formulierungen. Nun, das Fundament des Christentums ist eine Mitleidsethik. Der Anspruch jedes Menschen, in seiner Not und seiner Verletzlichkeit gesehen zu werden. Und ein ethisches Prinzip des Judentums ist, dass Menschen, eben weil sie Menschen sind, Träger eines individuellen moralischen Anspruchs sind. (Ganz abgesehen davon, dass es vor dem Hintergrund der Judenverfolgung im »christlichen Abendland« und der Shoa kaum angemessen ist, von einer christlich-jüdischen Tradition zu sprechen.)

Die Diskursverschiebung, die moralische Fragen als Rechthaberei ausschließen will, lässt sich auch an anderen Stellen beobachten, insbesondere, wenn es um Flucht, Migration und Asyl geht. Der konservative und in seinem eigenen Selbstverständnis streitlustige Chefredakteur und Kommentator der »Welt«, Ulf Poschardt, beklagte einen Mangel an Selbstzweifeln und Nachdenklichkeit bei der politischen Linken, diskreditierte allerdings zugleich die Nachdenklichkeit derjenigen Stimmen, die sich anlässlich des sogenannten Asylstreits zwischen CDU und CSU fragten, wie Deutschland und die Union Maß und Mitte halten könnten, als »Agitation«. Norbert Blüm etwa, der – durch und durch CDUler und Vertreter der Mitte – öffentlich seine Kritik an der immer schärferen Wortwahl und dem damit verbundenen Menschenbild in der Flüchtlingsdebatte äußerte, wurde bei Poschardt zum »Moraldarsteller«, der »gegen die wachsenden Zweifel in der Bevölkerung tröte«, die wiederum registriere, wie versucht werde, »diese Zweifel auszutreten«. Die Überlegung, dass die Äußerungen von Norbert Blüm, die Kritik von Kirchenvertretern, die Austritte langjähriger CSU-Mitglieder möglicherweise darauf hindeuten könnten, dass in der Gesellschaft etwas kippt – und zwar in die andere Richtung –, fand hingegen keinen Raum. »Lautstärke, Zorn und Radikalität« wurden nicht bei denen ausgemacht, die »Asyltourismus«, »Umvolkung« oder »Volksverräter« sagen, sondern bei jenen, die von Humanität sprechen.

Sicher, Anlass von Poschardts Kommentar war eine empörte Linke, die einen Artikel in der »Zeit« mit harschen Worten und üblen Beschimpfungen quittierte. In dem Artikel wurde die Meinung vertreten, private Seenotretter sollten Menschen im Mittelmeer nicht mehr vor dem Ertrinken retten. Das sei staatliche Aufgabe, so die Autorin – ohne zu erwähnen, dass es gerade das Versagen der EU-Staaten war, das die privaten Seenotretter auf den Plan rief. Poschardt bezog aber in seine Kritik an den harschen Reaktionen alle anderen Kritiker des Artikels mit ein. Und das ist das Bedenkliche, wenn die Grenze zwischen pauschalisierender und besonnener Sprache auch von denjenigen eingerissen wird, die von sich behaupten, besonnen zu sein.

Auf der Online-Seite der »Zeit«, immerhin über Jahre ein stark sozialdemokratisch beeinflusstes Medium, wurde besagter Artikel übrigens mit der Headline »Illegaler Shuttle-Service« beworben – und damit der Jargon der CSU und AfD übernommen, der erstens die Menschen, die vor Not und Elend, vor Vergewaltigung und Sklaverei fliehen, als Urlauber darstellt und sie zweitens zu Gesetzesbrechern erklärt. Und damit nicht zuletzt verschleiert, dass jeder Flüchtling und Migrant gezwungen wird, illegale Wege zu nehmen, weil es nun mal keine legalen Fluchtwege gibt und weil es nun mal immer noch kein Einwanderungsgesetz gibt und Arbeitsmigration nach Deutschland bisher an sehr hohe Finanz- und Ausbildungshürden gebunden ist.

Anzumerken ist, dass der stellvertretende Chefredakteur der »Zeit«, Bernd Ulrich, sich für die Überschrift entschuldigt hat. Aber der Vorgang zeigt in aller Deutlichkeit, wie sehr und wie umfassend die Vorzeichen sich geändert haben, wie sehr eine andere Sprache in unsere Köpfe einsickert und schon jetzt eine neue Wirklichkeit schafft.

Anzumerken ist weiterhin, dass die Menschen in Deutschland sich um vieles sorgen: um Altersarmut, Bildungsgerechtigkeit, den Klimawandel, bezahlbaren Wohnraum. Ja, auch Zuwanderung treibt sie um – allerdings erst als dreizehntwichtigstes Thema. Aber die Emotionalisierung dieses Themas überlagert alle anderen Themen, zu denen die Rechtsparteien wenig bis gar nichts beizutragen haben. Das ist kein Zufall, sondern politische Strategie. Und vielleicht hören wir endlich mal auf, ihr aufzusitzen. Vielleicht analysieren wir sie lieber, um eine Gegenstrategie zu entwickeln. Sprachlich und dann politisch.

Ein weiteres Beispiel, wieweit der Diskurs die Grenzen schon verschoben hat, stammt vom Innenminister Nordrhein-Westfalens, Herbert Reul. Er sagte im Fall der rechtswidrigen Abschiebung des Gefährders Sami A., dass Gerichte mit ihren Entscheidungen »das Rechtsempfinden der Bevölkerung« berücksichtigen sollten – nachdem das Ministerium seines Kabinettskollegen dem zuständigen Gericht den Abschiebungstermin vorenthalten hatte, um vollendete Tatsachen zu schaffen und so die ausstehende Gerichtsentscheidung zu umgehen. Beides offenbart, dass an den Grundfesten der Verfassung gerüttelt wird. Die Gewaltenteilung ist eines der unveränderlichen Prinzipien dieser Republik, die richterliche Unabhängigkeit ihr Ausdruck. Recht wird allein auf der Basis von Gesetzen gesprochen, nicht auf der Basis von Stimmungen und Empfindungen. Das ist der Unterschied zwischen Rechtsstaat und Willkürstaat.

Zu einer besonderen Umwertung von Begriffen setzte der Maler Neo Rauch an, als er Uwe Tellkamp wegen seiner Gesinnungsrede als »Wiedergänger Stauffenbergs« bezeichnete, jenes Anführers des Aufstandes der Wehrmacht gegen Hitler. Demnach hätte Tellkamp nicht nur recht, demnach wäre Deutschland eine Nazidiktatur.

Der AfD-Parteivorsitzende Jörg Meuthen will, dass Deutschland seine »rot-grüne Vergangenheit aufarbeitet und bewältigt«. Der Thüringer Parteivorsitzende Björn Höcke bezeichnet Angela Merkels Kanzlerschaft als »dunkelstes Kapitel der deutschen Geschichte«. Beide benutzen Begriffe und Formulierungen, mit denen der Nationalsozialismus beschrieben wurde, für die demokratische Gegenwart – während der Fraktionsvorsitzende Alexander Gauland den Faschismus zu einem »Vogelschiss« in »1000 Jahren deutscher Geschichte« erklärt. Wer das als Niveaulosigkeit verniedlicht, verkennt das System hinter dieser Rhetorik, nämlich Täter zu Opfern zu machen. Wenn man in einer »Herrschaft des Unrechts« lebt, ist jedes Mittel recht.

Dazu passt, dass mir von rechts vorgeworfen wird, ich sei ein »grüner Nazi« bzw. die Grünen seien »Klimanazis«, wie Beatrix von Storch von der AfD twitterte. Ich habe zuerst nicht kapiert, welchen Sinn es hat, wenn Rechte mich und andere als Nazis bezeichnen. Bei näherem Hinsehen hat es aber eine Logik. Denn es geht der neuen Rechten um die »Umwertung aller Werte«, wie es Friedrich Nietzsche nannte. Wenn also heute den Demokraten »Gesinnung«, »Agitation« und letztlich der repräsentativen Demokratie »Faschismus« unterstellt wird, wird der Boden dafür bereitet, dass sich das Völkische und Totalitäre als das Moderne und Freie gerieren kann. Nazis verurteilt man. Und die Kämpfer gegen Nazis sind Widerstandskämpfer gegen eine Diktatur. So wollen die Neuen Rechten gesehen werden. Es geht darum, die Bundesrepublik Deutschland als Unrechtsstaat zu denunzieren und sich selbst als Opfer zu stilisieren. (Ähnlich verdrehte in den Siebzigern die RAF die Logik. Kapitalismus war für sie gleichbedeutend mit Faschismus, und der Kampf gegen den Faschismus rechtfertigte alles.)

Zu lange wurde das als abstruse politische Fantasie in den Filterblasen von Twitter und Facebook abgetan. Das

muss aufhören. Wir laufen auf eine neue Auseinandersetzung zu: völkisch-nationalistische Politik von rechts
(und manchmal links) gegen liberale, internationale Politik. Und alle, die daran glauben, dass freie Meinungsäußerung und internationale Solidarität einen Wert haben, sind jetzt gefordert, so etwas nicht einfach mehr zu
überlesen.

Menschen werden Dinge

Wieweit die Verschiebung von Werten schon fortge-
schritten ist, kann man in der Alltagssprache der Politik gut beobachten. Statt einer Sprache des Konkreten wird zunehmend eine Sprache des Allgemeinen
gesprochen. Und damit meine ich nicht, dass objek-
tive und objektivierbare Gründe für politisches Handeln gesucht werden. Das muss Politik immer: Alle
Menschen sind vor dem Gesetz gleich – und im Umkehrschluss gelten Gesetze allgemein. Die Gesetzge-
ber müssen also vom Einzelfall, vom Individuum Ab-
stand nehmen. Politik muss verallgemeinern. Das ist
unser Schutz vor Willkür, vor einer Herrschaft des Gut-
dünkens und der Launenhaftigkeit. Genauso gilt, dass
die Fähigkeit zu abstrahieren Voraussetzung dafür ist,
überhaupt politisch handlungsfähig zu sein. Wer nur
die Einzelschicksale sieht, wird am Ende nicht entscheiden können – zu oft steht das Interesse des einen
dem des anderen diametral und unvereinbar gegenüber. Nur mit allgemein gültigen Kriterien und Maß-

stäben lässt sich ein Ausgleich finden, auch das gehört zum Wesen der Demokratie.

Im Hitzesommer 2018 verdorrte ein Großteil der Ernte und des Futters für die Tiere. Aus der Landwirtschaft – deren Verbandsvertreter sich sonst darin überbieten, Einmischungen des Staates zurückzuweisen – kam prompt die Forderung nach finanziellen Hilfen. Und wir diskutierten auf Agrarministerkonferenzen und in Telefonschalten mit Bundeslandwirtschaftsministerin Julia Klöckner, ob und wie die Hilfe denn geleistet werden könnte. Im Kern suchten wir nach Lösungen, die einerseits allgemein und andererseits individuell sein sollten. Natürlich gab es auch in diesem Dürresommer Landwirte, die kein Problem hatten, ihre Kühe zu füttern, weil sie in den Vorjahren einen Heuvorrat aufgebaut hatten. Und es gab Bauern, die hoch verschuldet waren, aber die Schulden stammten vom Bau eines neuen, großen Stalles und nicht von der Dürre. Andere waren schon vor der Hitze faktisch pleite. Wie schafft man da Gerechtigkeit? Mein Vorschlag war, nicht die jeweilige finanzielle Situation als Ausgangslage zu nehmen, sondern die konkreten Wetterereignisse und die Anbaumethode. Das wäre eine allgemeine Logik gewesen – aber auch die schafft Ungerechtigkeiten. Wenn man sagt: Ab drei Monaten ohne Niederschlag und ab einem Grünlandanteil von 50 Prozent bist du antragsberechtigt, was ist dann mit den Betrieben, die 49 Prozent Grünland haben oder auf sandigen Böden wirtschaften, wo sich das Wasser viel schlechter im Boden hält?

Verallgemeinerungen bedeuten immer auch einen Schmerz der Grenze. Das ist nicht zu verhindern.

Aber es gibt eine Form der politischen Verallgemeinerung, die den Grundsatz der Gleichheit angreift. Das geschieht, wenn der Einzelne nicht mehr als Individuum mit eigener Würde betrachtet wird, sondern nur noch als Teil einer Gruppe. Und wenn diese Gruppe sprachlich als unterlegen und minderwertig stigmatisiert wird, ist es nicht weit, bis entsprechende politische Handlungen folgen. Dann ist nur noch ein Teil der Menschen vor dem Gesetz gleich, die anderen nicht mehr.

Die Sprache der Stigmatisierung ist geprägt von Inhumanität. Allein durch ihre Begriffswahl verhindert sie, dass wir in dem anderen den Menschen, den Gleichen, erkennen, sie verhindert Mitgefühl und Empathie. Alexander Gauland, AfD-Fraktionsvorsitzender, hat das, was eine solche Sprache bezwecken soll, unverblümt ausgesprochen und zum Programm erklärt: »Wir können uns nicht von Kinderaugen erpressen lassen«, gab er schon im Februar 2016 die Linie vor. Die »grausamen Bilder« (wenn Grenzen geschlossen würden) müsse man aushalten. Man könne sich nicht einfach »überrollen« lassen. »Einen Wasserrohrbruch dichten Sie auch ab«, so Gauland. Die Bedeutung von »überrollen« erklärt der Duden mit »mit Kampffahrzeugen erobern, bezwingen«, Synonyme sind »niederwalzen«, »besiegen«, »erobern«. Als ob Flüchtlinge Gegner in einem Krieg wären. Und mit der Verwendung des Begriffs »Rohrbruch« verweist Gauland auf Menschen als Wassermassen. Wenn von »Flüchtlingsflut« und »Flüchtlingswelle« gesprochen wird, wird die Ankunft von Menschen zu einem gefährlichen Naturereignis erklärt. Zum Schutz müssen Dämme, Deiche, Flutmauern gebaut werden – Zivilisation wehrt sich gegen wilde Natur.

Mit all diesen Sprachbildern werden Menschen entmenschlicht, entindividualisiert. Insofern liefern Gauland & Co. die rhetorischen Konzepte gleich mit, um die Abhärtung gegen Mitleid voranzutreiben. Gewalt normalisieren, Empathie betäuben, Gefühlskälte schaffen – das ist das Programm der Neuen Rechten. Wenn die AfD davon spricht, Menschen zu »entsorgen«, dann ruft sie Bilder von Abfall hervor und überträgt sie auf Menschen. Wenn Gauland Angela Merkel »jagen« will, dann spielt er mit dem Bild von Jagdszenen – auf Menschen. Wenn der AfD-Fraktionsvorsitzende im Schleswig-Holsteinischen Landtag den Schulz-Zug »in den Hochofen einfahren« sieht, dann ist die Assoziation von Auschwitz kaum unbeabsichtigt. Wie Gift sickert eine solche verdinglichende, entmenschlichende und Gewalt evozierende Sprache in den Diskurs. Und auf der Gewalt der Worte folgt die Gewalt der Taten. Wie im August 2018 in Chemnitz, wo tatsächlich rechtsradikale marodierende Banden Jagd auf Menschen machten und die Staatsgewalt ihnen machtlos gegenüberstand.

Der Jargon der neuen Rechten bedient sich zunehmend auch Begriffen aus dem Arsenal der NSDAP. Frauke Petry wollte das Wort »völkisch« wieder salonfähig machen, das in der Zeit zwischen 1933 und 1945 Hochkonjunktur hatte und im Sprachschatz der Nationalsozialisten als rassistischer Begriff für die Zugehörigkeit zur deutschen Volksgemeinschaft genutzt wurde, er war Kern des Rassendogmas. Die Medien in Deutschland gelten der AfD als »gleichgeschaltet«, »Lügenpresse«, »Systemmedien« und als Beleg dafür werden Nachrichten, Überschriften, Zitate von Politikern gefälscht und diese Fälschungen im Internet verbreitet. So soll suggeriert werden, Deutschland sei eine Diktatur wie in der Nazizeit, und Medien würden zensiert. AfD-Politiker sprechen von »Lebensraum« statt »ländlichem Raum«, von »Volk« statt »Bevölkerung«, von »Umvolkung« für »Asylgesuche« und nutzen den Begriff »Altparteien« – wie die NSDAP im Kampf gegen die Weimarer Republik.

Aber auch andere Parteien und Parteigänger sind

gegen solche Metaphern nicht gefeit. Allen voran die CSU hat sich in der letzten Zeit gehörig im Regal vergriffen. Ihre Spitzenpolitiker reden von »einem Europa der Vaterländer«, eine Formulierung, die zwar von dem ehemaligen französischen Präsidenten Charles de Gaulle stammt, seit Jahrzehnten aber den Diskurs der Rechten in Europa bestimmt. Alexander Dobrindt, Landesgruppenchef der CSU, forderte eine »konservative Revolution« und griff damit sprachlich zurück auf eine Sammlungsbewegung von freiheitsfeindlichen Autoren und Theoretikern der 1920er-Jahre, die die liberale Parteiendemokratie der Weimarer Republik ablehnten, den autoritären Staat propagierten und von einer wiedererwachenden Volksgemeinschaft schwadronierten. Markus Söder, bayerischer Ministerpräsident, sprach von »Deutschland zuerst«, von »Asyltourismus« und der »Festung Europa«. Die Formulierung »Festung Europa« stammt direkt aus dem Begriffsarsenal des Nationalsozialismus, Joseph Goebbels benutzte sie als Bezeichnung für den vom Deutschen Reich besetzten Teil Europas. Und »Asyltourismus« ist ein populärer Begriff bei rechtsnationalen Parteien wie der Schweizer Volkspartei, die 1990 ihren Wahlkampf mit diesem Begriff bestritt. Die NPD griff diesen Begriff auf und nannte »Asyltouristen« in einem Atemzug mit »Schmarotzern«. Dass auch SPD-

und CDU-Politiker in den 1970er- und 1980er-Jahren diesen Begriff benutzten, macht die Sache nicht besser. Dass die EU-Kommission ihn 2008 verwendete und andere CDU Politikerinnen ihn 2018 wiederholten, hingegen schlechter.

Als der Begriff irgendwann allgegenwärtig war, erklärte Markus Söder, dass er ihn nicht mehr verwenden wolle. Dafür empörten sich CSU-Politiker, dass sie sprachlich zu hart angegangen würden. Sie schmissen erst mit Steinen und beschwerten sich dann, dass das Glas zerbrochen ist. Glaubwürdig ist das sicher nicht.

Die Konsequenz all dieser sprachlichen Muster ist jedenfalls, dass der politische Diskurs zunehmend enthumanisiert wird. Menschen werden Dinge. Man schafft eine homogene Sprache ohne Individualität. Um eine Gesellschaft vorzubereiten, in der der Einzelne nichts wert ist und die Gemeinschaft alles. Eine totalisierende Sprache für eine totalitäre, unfreie, illiberale Gesellschaft und eine gelenkte Demokratie.

Wer sagt, dass alles gleich ist, bestimmt, wer ungleich ist

Dass rassistische und rechtsradikale Sprache Stück für Stück in den politischen Diskurs vordringt, endet nicht bei einzelnen Wörtern. Auch strukturell wird der politische Diskurs mehr und mehr von Strategien und Narrativen der Neuen Rechten beschrieben. Diese beschwören eine nationale, eine völkische Identität herauf.

Im Frühjahr 2018 habe ich einem kleinen politischen Info-Webkanal für Jugendliche ein Interview gegeben, bei dem ich zu einzelnen Begriffen meine Assoziationen möglichst schnell in einen Satz fassen sollte. Etwa zu »Marktwirtschaft«, »Facebook«, »Bitcoin«, »FDP«, »Bevormundung«.

Einer der Begriffe war »Volksverräter«. Ich antwortete: »… ist ein Nazibegriff. Es gibt kein Volk und deshalb auch keinen Verrat am Volk. Das ist ein böser Satz, um Menschen auszugrenzen und zu stigmatisieren.« Kurz nach dem Interview haben rechte Trolle dieses Zitat aufgespießt und twitterten, ich sei ein Vaterlandsverräter. Dabei konnte man die Masche rechter Meinungsmache gut beobachten. Erstens wurde das Video für die Tweets umgeschnitten. Es beginnt nicht mit der Frage nach dem Begriff »Volksverräter«, sondern mit dem Halbsatz der Begründung, dass es »kein Volk gibt«. Damit wird der Zusammenhang, nämlich der Volksbegriff der Nazis, bewusst ignoriert und ausgeblendet. Außerdem wurde es danach beliebig verfälscht. Zweitens beteiligten sich neben den üblichen Rechtsradikalen jede Menge Twitterer, die exakt einen Follower haben, die also möglicherweise ihren Account für diese Aktion eingerichtet haben oder Social Bots sind. Drittens blieb die Welle drei Tage ausschließlich bei Twitter. Als sie schon abebbte, begannen rechte Internetseiten, das Video zu zitieren – und schließlich auch noch eine seriöse bürgerliche Zeitung.

Es ist nicht so leicht, ruhig zu bleiben, wenn man das Gefühl hat, ungerecht behandelt zu werden. Wenn man im Zug angepöbelt wird, wenn im Internet schlichte Lügen über einen verbreitet werden, dann hat wohl jeder Mensch den Impuls, sich zu wehren, den Wunsch, zurückzukämpfen. Aber damit läuft man schon in die Falle. Wer »sich wehrt«, wer »zurückkämpft«, ist in der Defensive. Und hat damit strukturell verloren. Das gilt in einem besonderen Maß für die digitalen Medien, in denen sich ganze Armeen von Trollen tummeln, die offenbar

den ganzen Tag Zeit haben, ihre Beschimpfungen los-
zulassen, zu retweeten und zu teilen. Aber entscheidend
an dieser Stelle ist nicht, wie Meinungsmache im Internet funktioniert, sondern die Logik rechter Ideologien.
»Volksverräter« wurde 2016 zum Unwort des Jahres er-
nannt, weil es ein »Erbe von Diktaturen, unter anderem
der Nationalsozialisten« ist. Es sei »undifferenziert und
diffamierend« und »würge das ernsthafte Gespräch und
damit die für Demokratie notwendigen Diskussionen in
der Gesellschaft ab«, schrieben die Sprachwissenschaft-
ler damals. In der Jury-Begründung hieß es, dass der Begriff nicht für das Staatsvolk, also die Gesamtheit der
Staatsangehörigen, stehe, sondern für eine »ethnische
Kategorie, die Teile der Bevölkerung ausschließt«. Damit sei der Ausdruck »antidemokratisch«, weil er »die
Gültigkeit der Grundrechte für alle Menschen im Ho-
heitsgebiet der Bundesrepublik« verneine, so die Jury.

Wichtig ist, zu verstehen, dass der Begriff »Volk«
zwei Bedeutungen hat. Zum einen meint er das »Staatsvolk«: die Gesamtheit der Staatsangehörigen. Auf dieses Staatsvolk schwören heute Politiker ihren Amtseid.
Ich selbst habe das zweimal getan: »Ich schwöre: Ich
werde meine Kraft dem Wohle des deutschen Volkes
widmen, seine Freiheit verteidigen, seinen Nutzen meh-
ren, Schaden von ihm wenden, die Gesetze der Bundesrepublik Deutschland und des Landes wahren, meine

Pflichten gewissenhaft erfüllen und Gerechtigkeit gegenüber allen Menschen üben.«

Der Eid verpflichtet also dazu, die Gesetze zu wahren – und dazu gehört zualleroberst das Grundgesetz mit seinen Grundrechten wie Würde, Freiheit, Gleichheit, die für alle gelten. Außerdem verpflichtet der Eid dazu, gegenüber allen Menschen Gerechtigkeit zu üben. Diesem Eid bin ich gerne verpflichtet.

Dagegen verwenden die rechten Parteien und ihre Propaganda das Wort »Volk« als eine ethnische, ausschließende Kategorie. Diese reduziert die Vielzahl der Verschiedenen auf eine Identität der Gleichen; am Ende auf eine Identität, die sich biologisch zu rechtfertigen sucht. Dieser Volksbegriff ist ein gefährlicher. Denn die Idee eines ethnisch-identitären Volkes ist totalitär und ausgrenzend. Sie macht eine Gesellschaft zu einem »Volkskörper«. Und dieser »Volkskörper« soll natürlich gesund sein, was innerhalb dieses Gedankenguts möglichst rein bedeutet. Deshalb werden auch die, die als nicht zugehörig bestimmt werden, »Parasiten« oder »Schmarotzer« genannt. Welche Verwendung des Begriffs »Volk« liegt wohl dem Wort »Volksverräter« zugrunde? (»Volksverrat« wurde in der Nazizeit übrigens Straftatbestand, auf den die Todesstrafe stand. Und für AfD und Pegida ist zum Beispiel Bundeskanzlerin Angela Merkel eine Volksverräterin …)

Aber es stellt sich noch eine Frage: Gibt es ein solches deutsches Volk jenseits des Staatsvolkes? Gibt es den identitären Volkskörper, von dem die Nazis schwadronierten? Man muss nicht an Hitlers Erscheinungsbild denken, um auf die Idee zu kommen, dass es dieses propagierte deutsche Volk, zusammengesetzt aus irgendwelchen angeblich reinen Genen, nie gab und nie geben wird. Schon die Völkerwanderungen der Germanen waren ein ethnischer Gemischtwarenladen. Und wie wollte man heute jenseits des Staatsvolkes einen Volksbegriff verteidigen, der über die gültigen Grenzen Deutschlands hinausweist?

Aber offenbar ist das heute bis in bürgerliche Kreise hinein nicht mehr selbstverständlich. So muss man wohl wieder klarstellen, dass das Volk, das sich im Wort »Volksverräter« findet, ein Konstrukt ist. Und zwar ein gefährliches. Es ist wichtig, auf Präzision und sprachliche Differenzierung zu achten. Lassen wir uns von den Rechten nicht einreden, alles sei gleich. Denn dann bestimmen sie, wer ungleich ist.

Die Nation als Kunstwerk

Heute werden die Gleichheit der Rechte und Pflichten aller Bürger und der Geltungs-und Anwendungsbereich der nationalen Gesetze durch den Begriff des Staatsvolks definiert. Das Staatsvolk, so sagt es das Völkerrecht, ist die Summe aller Menschen, die zu dem Staat in einem rechtlichen Verhältnis stehen. Sie sind keine Untertanen mehr wie im Feudalismus, sondern Träger von Rechten. Sie werden nicht mehr als Manövriermasse bei Herrscherheiraten hin- und hergeschoben, sondern haben Ansprüche auf eine eigene politische Identität.

Aber so ein nüchternes, formales Verhältnis und Selbstverständnis der Deutschen zu ihrem Staat gab es nicht immer. Und es ist nicht das einzige in der deutschen Geschichte. Es gibt eine historische Achse, die Deutschland als »Kulturnation« begreift – zusammengehalten und definiert nicht durch den Geltungsbereich von Rechten und Pflichten, sondern durch Sprache und kulturelle Identität. In diesem Sinne ist eine Kulturnation einem Staat gedanklich vorgelagert – sie existiert auch ohne eigenen Nationalstaat. Und auf diesem Verständnis setzt der Diskurs der Neuen Rechten heute auf, sodass es sich lohnt, einen Blick zurückzuwerfen.

Denn auch ein Deutschland als Kulturnation ist natürlich ein politischer Entwurf, eine Konstruktion, eine Deutung wie die Liebe. Gerade dass er ganz wesentlich literarisch geschaffen wurde, macht das deutlich.

Nationalstaaten, Nationen und nationale Souveränität sind weder urwüchsig oder gar natürlich, erst recht nicht ethnologisch oder biologisch vorprogrammiert, sondern Resultat von Geschichte und Politik. Nationen sind historisch konstruiert. Vergleichsweise spät erfolgte diese Konstruktion in Deutschland – andere Nationen in den heute bekannten Grenzen entstanden noch später, aus jeweils ganz unterschiedlichen Gründen: Polen, Ungarn, Tschechien.

Nicht nur, dass die Verwüstungen des Dreißigjährigen Krieges Deutschland mit Urängsten von Verlust und Zerstörung belasteten – vielen Historikern gilt er als Urtrauma der Deutschen –, auch die erhoffte Heilung in einem Nationalstaat blieb lange Zeit verwehrt bzw. wurde hinausgezögert. Hier findet sich zumindest die Spur einer Erklärung, warum sich im deutschsprachigen Raum ein kaum in andere Sprachen übersetzbarer Heimatbegriff etabliert hat, der etwas mit Orten und Landschaften zu tun hat, aber nicht an eine Grenze gebunden ist. Der in seiner Sehnsucht zutiefst melancholisch ist: Heimat sucht, wer Heimweh hat.

Es wäre falsch, von einem deutschen Sonderweg zu sprechen, denn Deutschland war ja Teil des europäischen Weges mit all seinen Verästelungen und Abzweigungen. Aber dass der Weg zu einer staatlichen Identität in Deutschland komplizierter verlaufen ist als in anderen Ländern, ist wohl unstrittig. Und da sich auf staatlicher Uneinigkeit keine nationale Erzählung gründen ließ, wurden Mythen geschaffen. Nicht zuletzt durch die Sprache der Literatur. Die Schlacht des Arminius gegen die Römer wurde zum Hermannsmythos (mehr als 200 Schauspiele und Opern entstanden in der Zeit zwischen 1750 und 1850), das Lied der Nibelungen zur urdeutschen Geschichte von Verrat und Treue, die Schriftsteller und Philosophen des 18. und 19. Jahrhunderts zu Klassikern einer deutschen Kulturnation.

Denn als das Bürgertum in dieser Zeit zur ökonomischen und schrittweise politischen Kraft wurde, reklamierte es neue Rechte – ökonomische Rechte, Eigentumsrechte, Persönlichkeitsrechte, Pressefreiheit. Es formulierte politische Ansprüche und Programme, konnte sie aber – anders als zuvor der Adel im Feudalismus – nicht historisch begründen. Der Adel hatte seinen Stammbaum, der zu irgendwelchen Gründungsvätern (seltener -müttern) zurückreichte, im Zweifel sogar die

Abstammung von Gott selbst behauptete. So konnte er sich auf einen von höheren Mächten verliehenen Herrschaftsanspruch berufen.

Das Bürgertum brauchte eine andere identitätsstiftende Form (ähnlich wie die Arbeiter in den Industriestädten), um politische Macht zu erkämpfen. Und die fand es im Nationalstaat (wie die Arbeiter in der Klasse). Um sie durchzusetzen, musste ihre Notwendigkeit nicht nur politisch abstrakt begründet werden, sondern es brauchte eine historische Herleitung analog zum Gottesgnadentum des Adels. Und da Deutschland als politische Einheit nicht existierte, schuf man die Vorstellung einer Kulturnation.

Kultur und Sprache wurden deutsch. Natürlich waren sie das schon vorher, aber eben nicht in dem politischen Sinn, den ihnen Schriftsteller, Philosophen und Künstler jetzt gaben. Ganz bewusst wurde an einer deutschen Nationalliteratur gearbeitet. Schriftsteller und Dichter als Teil des erstarkenden Bürgertums nahmen die Aufgabe an, ihre Sprache in den Dienst einer höheren Sache zu stellen.

Der gesellschaftliche Status von Sprache und Literatur ist nichts, was in der Literatur selbst wurzelt, sondern ist immer Teil der kulturellen Debatte und Aneignung der Gesellschaft. Im Fall der deutschen Klassik sorgten Friedrich Schiller und vor allem Johann Wolfgang von

Goethe – zusammen mit anderen wie Friedrich Wilhelm von Humboldt, Johann Gottfried Herder oder Christoph Martin Wieland, in der Philosophie mit Georg Wilhelm Friedrich Hegel – selbst dafür, dass sie mit ihren Werken einen nationalen Kanon schufen, bevor es überhaupt eine Nation gab. Da in Deutschland die politische Revolution nicht stattfand, wollten sie eine Revolution in den Köpfen auslösen. Ihr Projekt war, die Erkenntnisse und Ideen der Aufklärung – Mündigkeit, Freiheit, Subjektivität – kulturell umzusetzen. Ihr Programm bestand darin, verschiedene Perspektiven zu einen und Gegensätze auszusöhnen. Diese Aufgabe, wie man Gegensätzliches versöhnt, wurde vom Politischen ins Innerliche gewendet. Wie kommen Gefühle und Vernunft, Freiheitsliebe und Ordnungsliebe zusammen? Wie bringt man Verschiedenes in Harmonie? Die deutsche Klassik spielte in ihren Werken paradigmatische Grundkonflikte in verschiedenen Bereichen durch. Die Antwort, die sie entwickelte, war folgenreich: Die Geschichte selbst wurde als zielgerichtet, ausgleichend und einem höheren Zweck folgend gedeutet. Und das Mittel, um den jeweiligen geschichtlichen Standort zu erkennen und die Gegensätze zu versöhnen, war die »ästhetische Erziehung des Menschen«, wie Friedrich Schiller seine große Abhandlung über die Französische Revolution und die Philosophie Immanuel Kants nannte. »Es gehört also zu den wichtigsten Aufgaben der Kultur, den Menschen auch schon in seinem bloß physischen Leben der Form zu unterwerfen und ihn, soweit das Reich der Schönheit nur immer reichen kann, ästhetisch zu machen, weil nur aus dem ästhetischen, nicht aber aus dem physischen Zustand der moralische sich entwickeln kann«, schreibt Schiller. Der Weg zum Politischen, zum politischen Bürger führt also über die Kunst. Das Politische wird ästhetisiert. Der deutsche Nationalstaat wird als »Nationalästhetizismus« entworfen – so bringt es der französische Theoretiker Philippe Lacoue-Labarthe auf den Punkt. Immerhin aber sollte sich »aus dem ästhetischen der moralische Zustand entwickeln«. Der Grundgedanke der Klassik war ein aufklärerischer.

Die der Klassik nachfolgende Generation der Romantiker – die Brüder Schlegel, Novalis, Hölderlin – spitzten die Thesen der deutschen Klassik zu. Sie wollten den ästhetischen Zustand perpetuieren. In ihrem Fall sollte die Kunst ein eigenes Reich, eine eigene Welt für sich schaffen, als eine Alternative zur Wirklichkeit. Für sie gab es nichts, was außerhalb der Poesie – und das ist wörtlich zu nehmen: »Poesis« bedeutet »machen« oder »handeln« – existiert. Die Frühromantiker machten den Schriftsteller zum Erfinder einer neuen Gesellschaft, der in einer Art seherischen Antizipation des Kommenden ein neues, besseres Lebensmodell entwerfen sollte. Die

Erwartungen, die wir bis heute an Künstler haben, nämlich dass sie ein größeres gesellschaftliches Sensorium haben sollten, dass sie sich politisch einmischen sollten – hier haben sie ihren Ursprung.

Bezogen auf die Geschichte mischten die Romantiker alle möglichen Formen und Inhalte der Vergangenheit mit der Gegenwart. Sie entwickelten eine Dialektik, nach der das Moderne immer schon im Antiken enthalten war. Aber eben nicht als stummer Zeuge, als objektives Zeichen eines Gestern, das es zu interpretieren gilt, das vielleicht auch unverständlich bleibt oder sich der Übersetzung verschließt, sondern als etwas, das immer erst durch unseren Blick, durch unsere Lektüre vergegenwärtigt und lebendig wird.

Der Sinn der Geschichte ist demnach unsere jeweilige Gegenwart. Friedrich Schlegel nennt das eine »Hyperbolisierung« der Geschichte, also eine Übertreibung, eine Art Überschuss, die sich erst in der kommenden Poesie verwirklicht. Die Vergangenheit soll sich in der Gesellschaft der Gegenwart vollenden, ihre Widersprüche sollen aufgehoben werden. Und das Ideal der Klassik, die von einem schönen, harmonischen Körper ausgeht, wird dynamisiert. Die Romantiker entwerfen ein organisches Verständnis der Poesie – und, weil Literatur für sie die eigentliche Politik ist, damit von der Politik.

Ein solcher Gedanke mündet letztlich darin, dass es

ein sprachlich-politisches Jenseits der Gegenwart gibt, etwas, das größer ist als jeder Einzelne, wichtiger als unsere Leben, perfekter als die Wirklichkeit. Literatur wird so, wie Friedrich Schlegel schreibt, zu einer »neuen Religion«, einer »neuen Mythologie«. Ähnlich sprachen Hegel und Hölderlin davon, eine Religion »zu stiften«.

Ich gebe zu, die letzten Seiten sind ein Parforce-Ritt durch Geschichte und Literaturgeschichte gewesen. Und Fachgelehrte werden einhaken und mir unerlaubte Verkürzungen vorwerfen. Aber bezogen auf die Kritik der politischen Sprache und den Unterschied zwischen demokratischem und totalisierendem Sprechen zeigt das, dass sich in der Sprache der deutschen Klassik und Romantik etwas herausbildete, was auch heute noch den Grad des politischen Diskurses markiert: die Idee einer deutschen Kulturnation.

Allerdings nicht nur als Forderung nach einer sprachlichen Einheit aller Menschen, die Deutsch sprachen, sondern als Mythos eines Volkes als einheitliches und organisches, also lebendiges, Kunstwerk. Die deutsche Nation wurde entlang einer ästhetischen Schönheitsvorstellung entworfen und gedacht. Die Konsequenz dieses Entwurfs reicht weit über die bürgerlichen Bewegungen des 19. Jahrhunderts hinaus. Ich glaube, die Geburt der deutschen Nation aus dem Geist von Klassik und Romantik macht es uns bis heute schwer, eine Sprache des demokratischen Streits der vielen zu pflegen. Und immer dann, wenn der Nationalismus in Deutschland wieder Konjunktur hat, bietet die Tradition der klassisch-romantischen Kulturnation ein reiches Repertoire an Begriffen, Geschichten und Sprachbildern, die in pervertierter Form zu neuem Leben erweckt werden. Die Folgen erleben wir bei jeder Leitkulturdebatte, bei jedem Ringen um das Verständnis von Heimat – und natürlich bei dem Versuch, Völkisches sprachlich hegemonial zu machen. Es ist nicht schwer zu sehen, dass – mindestens der Metapher nach – alles, was »unrein« oder »anders« ist, letztlich nicht zu diesem Kunstwerk einer Kulturnation gehören kann. Und da sich dieses Kunstwerk jeweils in der Gegenwart vollenden soll, muss das Hässliche und alles, was sich der organischen Einheit widersetzt, immer wieder ausgemerzt werden.

Der Umkehrschluss liegt übrigens auch auf der Hand. Wenn der Künstler quasi gottgleicher Kreator ist, dann kann sich ein Politiker ganz schnell mit einem allmächtigen Künstler verwechseln. Dass Hitler tatsächlich Kunstmaler war, klingt vor diesem Hintergrund wie ein makabrer Witz der Geschichte.

Feier des Unvollendeten

Auch unsere Vorstellungen von Völkern und Nationen werden also durch Sprache geschaffen. Wie wir über uns, über Deutschland sprechen, entscheidet darüber, wer wir als Deutsche sind und wie Deutschland ist. Eine Identität braucht eine Geschichte. Aber sie muss nicht so enden, dass sie ausgrenzt. Denn auch großartige Begriffe wie Freiheit, Recht und Toleranz sind stärker, wenn sie in einer Geschichte gründen.

Die Geschichte von Freiheit, Recht und Toleranz in Deutschland ist allerdings allzu oft eine der Niederlagen. Die Bestrebungen der Demokraten meist unvollendet. Der Matrosenaufstand 1918 und dann die Weimarer Republik. Davor der deutsche Vormärz, der zur Revolution von 1848 führte, aus der die Nationalversammlung in der Paulskirche entstand. Ihre Abgeordneten schrieben die erste Verfassung für ein Deutschland, als konstitutive Monarchie zwar, aber mit demokratischen Wahlen, Gewaltenteilung, Presse-, Glaubens- und Versammlungsfreiheit, Gleichberechtigung der Konfessionen und Freizügigkeit bei Handel und Wohnort. In Kraft trat sie allerdings nicht, weil der König von Preußen keine Krone vom Volk verliehen bekommen wollte, nicht »solch ein Diadem aus Dreck und Letten der Revolution, des Treubruchs und des Hochverrats geschmiedet«, wie er sie nannte. Sie verströme den »Ludergeruch der Revolution von 1848« und sei ein »Hundehalsband«.

Auch die europäische Verfassung – 2004 fertig ausgehandelt und in direkter Genealogie mit der Frankfurter Verfassung verbunden – wurde nicht angenommen. Diesmal nicht von überheblichen Monarchen bekämpft, sondern in Referenden von europäischen Bürgern abgelehnt.

Aber genau solche Niederlagen können eben auch zu einem anderen Verständnis führen als dem einer geschlossenen, fertigen, exklusiven Kulturnation – und zu einer anderen Art von Mythen und Sprache: nämlich dann, wenn wir lernen, das Nichtfertige, das Unvollendete anzunehmen, ja zu feiern. Als das, was Demokratie ausmacht. Alle Politik ist Fragment. Sie ist nie fertig. Sie ist nie vollendet. Es gibt keine Perfektion. Das Wesen der Demokratie ist Veränderung, das der Diktatur ist Stillstand. Der autoritäre Herrscher zementiert die Macht, demokratische Regierungen und Institutionen müssen sich immer neu legitimieren. Diktaturen frieren ein bestimmtes Gesellschaftsgefüge ein, Demokratien sind Bewegung. Diktaturen entscheiden, was gewünscht ist, und verdrängen das Ungewollte, Ungeplante, die Probleme. Demokratien müssen sich stellen, sie müssen arbeiten, sich abarbeiten. Und Demokratie weiß im besten Fall um die Vergänglichkeit von Macht, Herrschaft und Meinungen. Diktaturen wollen die Ewigkeit in der Gegenwart.

Entsprechend brauchen Diktaturen eine totalisierende Sprache, eine, die ausschließt, um möglichst wenig Veränderung zuzulassen. Die Sprache der Demokraten dagegen schafft Verbindungen zwischen Menschen und ihren Ansichten, um sich möglichst häufig und intensiv berühren, irritieren und verändern zu lassen. Im besten Fall entsteht ein »Gespräch«, wie es der Dichter Paul Celan entwarf. Die Beteiligten in einem solchen Gespräch werden zu »Wahrnehmenden, dem Erscheinenden Zugewandten, dieses Erscheinende Befragenden und Ansprechenden. Erst im Raum dieses Gesprächs konstituiert sich das Angesprochene, versammelt es sich um das es ansprechende und nennende Ich. Aber in diese Gegenwart bringt das Angesprochene und durch Nennung gleichsam zum Du Gewordene auch sein Anderssein mit.«

Paul Celan, dessen jüdische Familie aus Czernowitz in der heutigen Ukraine stammt und dessen Eltern von den Nationalsozialisten ermordet wurden, hat sich von allen deutschen Dichtern nach dem Zweiten Weltkrieg vielleicht am intensivsten mit der Sprache und der Frage: »Wie sprechen?« – genauer: »Wie deutsch sprechen?« – auseinandergesetzt. Er wollte das Diktum des Philosophen Theodor W. Adorno, dass »nach Auschwitz ein Gedicht zu schreiben, barbarisch ist«, nicht hinnehmen. Celans Poetik ist vielleicht bis heute die radikalste Antwort: nicht aufhören, miteinander zu reden, in ein Gespräch eintreten, ohne anderen eine Form von Identität aufzuzwingen. An die Stelle der Annahme eines Ichs, das es gibt und das ein für alle Mal feststeht, tritt eine fragende, suchende Haltung. Der französische Philosoph Emmanuel Lévinas, der seine Ethik aus der jüdischen Tradition und angesichts der Erfahrung des offenkundigen Scheiterns aller ethischen Imperative in der ersten Hälfte des 20. Jahrhunderts entwickelt hat, bringt diese ethische Bewegung auf die Formel: »Einem Menschen begegnen heißt, von einem Rätsel wachgehalten zu werden.«

Das andere bestehen lassen, so wie es ist und wie es wird, es nicht in eine Form, einen Mythos, eine Identität zwingen – das ist der Unterschied zur Gleichmacherei, die den Menschen sprachlich zum Gegenstand macht, zur Maschine oder zum Tier. Eine solche Sprache hört auf die Nuancen und lässt sie zu, sie hat – um Celan zu zitieren – »den Worten unsichtbar zugelächelte Anführungszeichen, die vielleicht nicht als Gänsefüßchen, die vielmehr als Hasenöhrchen, das heißt also als etwas nicht ganz furchtlos über sich und die Worte Hinauslauschendes, verstanden sein wollen«.

Die politische Herausforderung einer solchen Sprache und Kultur der Anerkennung heißt heute Integration. Wir – die deutsche Mehrheitsgesellschaft – verlangen von anderen, dass sie unsere Sprache, Rechtsnormen und kulturellen Paradigmen erlernen. Es ist ungleich schwerer, darüber nachzudenken, ob auch das Verhalten der Mehrheitsgesellschaft und des kulturellen Zentrums den eigenen Ansprüchen genügt. Ja, ob wir uns nicht auch neuen Ansprüchen stellen müssen. Der Respekt gegenüber Frauen und Homosexuellen, der von muslimischen Einwanderern verlangt wird – legen den wirklich alle Deutschen an den Tag? Antisemitismus ist in vielen islamischen Ländern und bei den Menschen, die aus diesen Ländern zu uns kommen, ein massives Problem – aber in Deutschland selbst eben auch. Und zwar nicht nur bei Pegida-Anhängern.

Eine Sprache und Kultur der Anerkennung wurde auch nach der Wiedervereinigung Deutschlands nicht gesprochen und gelebt. Mit einer gewissen Wahrscheinlichkeit kann man die große Zustimmung in den ostdeutschen Bundesländern zu einer Partei, die für eine Politik der Ausgrenzung steht, mit der Frustration erklären, die diese gescheiterte deutsch-deutsche Integration ausgelöst hat. Ein Leben in einem krachend gescheiterten System, die Enttäuschung dessen, woran viele mal geglaubt haben, das Auslöschen der eigenen Biografie – wenn ein Lebenslauf so zusammengefasst wird, dann sagt man diesen Menschen, dass ihr Leben ein verlorenes war. Wer würde nicht dagegen protestieren. Die Soziologin Naika Foroutan fasste das in der »taz« so zusammen: »Sehr viele Erfahrungen, die Ostdeutsche machen, ähneln den Erfahrungen von migrantischen Personen in diesem Land. Dazu gehören Heimatverlust, vergangene Sehnsuchtsorte, Fremdheitsgefühle und Abwertungserfahrungen.« Fehlende Anerkennung anderer Lebenserfahrungen äußert sich in Vorurteilen aufgrund der Herkunft auf der einen Seite, in Verlustgefühlen und Verunsicherung, Gefühlen des nicht Dazugehörens und der Scham auf der anderen Seite. Der Film »Good Bye, Lenin!« brachte diese Tragik, diese Depression, auf die Leinwand. Er wurde als Komödie beworben, aber in Wahrheit handelt er von fehlender Anerkennung anderer Lebensläufe.

Migration aus islamischen Ländern und die deutsche Wiedervereinigung sind dabei nur Beispiele. Wir leben in einer Welt, die unsere Lebensläufe vielfach und mehrfach unterschiedlich gemacht hat. Dadurch ist uns die alte Voraussetzung einer Anerkennungskultur flöten gegangen. Denn Anerkennung war lange daran gebunden, dass man einer Klasse oder Gruppe oder einer Partei angehörte und ihre Interessen vertrat oder von anderen vertreten wurde. Aber so ist es heute eben nicht mehr. Anerkennung bildet sich inzwischen jenseits von Klassen oder Schichten. Integration und Desintegration sind kein spezifisches Problem von einer Gruppe von Migrantinnen oder Migranten. An dieser Frage wird die viel größere deutlich, nämlich, wie wir einen politischen Raum schaffen, in dem Verschiedenheit und Andersheit gelebt werden können und es dennoch eine Gemeinsamkeit im Suchen von Lösungen gibt. Wie sprechen wir miteinander, wenn wir wissen, dass es kein identitäres Wir mehr gibt?

»Die Menschen der Neuzeit hatten ihre gesellschaftliche und ihre geistige Heimat verloren: Sie waren des Standes, in den sie geboren wurden, durch die Fluktuierungen der Klassengesellschaft nicht mehr sicher, und es gab mit der zunehmenden Säkularisierung der Welt keine Garantie mehr, dass sie wenigstens außerhalb der politisch-säkularen Sphäre als Christen und vor Gott alle gleich seien«, schrieb Hannah Arendt schon 1951 in »Elemente und Ursprünge totaler Herrschaft«, um regressive Politik und Antisemitismus zu erklären. Heute ist der Wunsch nach Teilhabe ein Wunsch des hoch individualisierten Subjekts, in seinem individuellen Sein erkannt und anerkannt zu werden. So sind unsere Leben. So fühlt es sich an, im 21. Jahrhundert unterwegs zu sein. Irgendwie versucht man, seinen Alltag auf die Reihe zu kriegen. Wir müssen uns irgendwie durchschlagen, und der Erfolg des Nachbarn oder Freundes ist so einfach nicht kopierbar. Und umgekehrt hat das Unglück des Nächsten wenig mit meinem eigenen Leben zu tun. Aber die Antworten der Politik klingen manchmal so, als würden wir noch immer alle in einer tarifgeschützten, unkündbaren, die Rente sichernden Festanstellung leben, als würde jede Beziehung gleich sein und jeder Lebensentwurf identisch. So hat man nicht unbedingt das Gefühl, dass Politik auf Augenhöhe der Gegenwart agiert, geschweige denn mit einem Bild von der Zukunft.

Menschen haben unterschiedliche Interessen. Und Politik ist gemeinhin als Interessenvertretung definiert. Nur gibt es nicht mehr »die« Interessen von bestimmten Klassen, Milieus und Gruppen, oft noch nicht mal von Parteien. Deshalb läuft eine klassische Interessenpolitik inzwischen ins Leere, ist anonym und hat nichts mehr mit unserem Leben zu tun. Oder sie ist so partikular, dass sie es nicht mehr schafft, die disparaten Lebensstile zu einer gesellschaftlichen Idee zusammenzubinden.

Und dieses Schwanken zwischen affirmativer, die Verhältnisse nur kommentierender, aber nicht mehr verändernder Politik einerseits und partikularer Nischenbildung andererseits lähmt uns und höhlt letztlich das Politische selbst aus. Wenn eine neue Res publica, eine neue Gemeinsinn-Idee, entstehen soll, dann muss sie die radikale Vereinzelung und Vielfalt aufgreifen und aus ihr heraus das Gemeinsame, Verbindende schaffen.

Kunst darf nicht dienen

Unsere Lebensstile sind hoch individualisiert. Neben dem normalen Nine-to-five-Job gibt es jede denkbare Form von Teilzeitarbeit, es gibt Firmengründer, Kulturarbeiter und Crowdworker – inklusive prekärer sozialer Absicherung. Es gibt alle möglichen Formen von familiärem Zusammenleben. Die Digitalisierung verstärkt diese Individualisierung noch.

Das politische Problem ist, dass sich mit diesem immer individuelleren Leben der Menschen Ordnungskategorien der Gesellschaft auflösen. »Arbeit« ist nicht mehr deckungsgleich mit der eigenen Biografie oder wird nicht mehr ausschließlich durch den Verdienst definiert. »Familie« ist nicht mehr nur da, wo Vater, Mutter, Kind sind – noch nicht mal mehr nur da, wo Kinder sind. Lebenszufriedenheit erreicht man – so propagieren es Werbung, Zeitschriften, Achtsamkeitsapps – nur noch, wenn man ständig an sich arbeitet, sich »selbst optimiert«. Der Konsum von Gütern wird zum Lebenszweck. Und Lebensentwürfe selbst werden zu Gütern.

Wie wir essen, wohin wir reisen, was wir lesen, wie wir uns kleiden, ob wir uns tätowieren, Bärte stehen lassen oder die Nase piercen – unsere Leben im Großen und im Kleinen werden vermessen, be- und verwertet.

Und all diese verschiedenen Lebensformen stehen nicht mehr für etwas anderes, sondern nur noch für sich selbst. Die alten Werte wie Familie, Arbeit, Heimat, Glück werden ausgehöhlt und passen nicht mehr zur Dynamik und Individualität unserer Gegenwart. Aber an ihre Stelle tritt nichts Neues, sondern die Moden wechseln nur, letztlich um des Wechselns willen. Das ist einerseits die ganz große Freiheit. Andererseits muss man diese große Freiheit auch ertragen können.

Und das können totalitäre Bewegungen nicht. Für sie sind die Individualisierung der Lebensstile, das Wegbrechen traditioneller Ordnungskategorien, das demokratische Recht auf freie Meinungsäußerung und nicht zuletzt die Kunstfreiheit eine Störung, ein Problem. Die Welt ist widersprüchlich. Weder Kunst noch Politik kann noch so tun, als ob alles glatt aufgeht, als ob alles eins ist. Menschen suchen Sinn und Erklärung, und die Erfahrung der Moderne ist, dass es diese immer weniger gibt, dass unsere Leben oft genug absurd sind.

Gerade aber diese Unfähigkeit, diese Schwäche, kann eine Chance sein. Sie ist auch Freiheit. Wir sind auf der Suche, sind verletzlich und angewiesen aufeinander, weil es keine absoluten Wahrheiten mehr gibt. Moderne Kunst bejaht und sucht deshalb das Absurde, um Menschen Möglichkeiten deutlich zu machen. Moderne Kunst als die »für die Gegenwart des Menschlichen zeugende Majestät des Absurden« – so Paul Celan in seiner Meridian-Rede – irritiert. Und Irritation können totalitäre Bewegungen nicht ertragen. Daher begegnen sie ihr mit einem Angriff auf die Freiheit der Künste und auf die Kreativszene. »Die Entsiffung des Kulturbetriebes« soll in »Angriff« genommen werden, sagt der AfD-Bundestagsabgeordnete Marc Jongen. Die Theater sollen von den »linksliberalen Vielfaltsideologien« befreit werden, so Hans-Thomas Tillschneider, Landtagsabgeordneter der AfD in Sachsen-Anhalt. Unverblümt bekennt die AfD, den mythenbildenden Charakter der Kunst für ihre Zwecke nutzen zu wollen. Wiederbeleben wollen sie »die klassisch deutschen Werke, die sich im Laufe der Geschichte angesammelt haben. Und in denen das dokumentiert ist, was uns zu Deutschen gemacht hat.«

Das ist die Pervertierung von Kunst und Klassik, von der ich oben sprach. Ein solches Verständnis von Kultur und Nation macht Erstere zur Dienerin, Letztere zur Diktatorin. Es geht der AfD nicht um Traditionssicherung oder gar um eine Auseinandersetzung mit kulturellen Traditionen, sondern um ihre Unterwerfung, um ihre Nutzbarmachung für die Zwecke der Partei. Und diese Zwecke sind die Ästhetisierung des Völkischen, Identitären und Nationalen, die Schaffung eines neuen deutschen Mythos. Die AfD weiß »um die Bedeutung von Mythen auch in der Gegenwart und Zukunft«, wie es auf der Seite des rechtsnationalen »Flügels« im Zusammenhang mit dem Kyffhäusertreffen 2018 heißt. Was nicht dem Mythos einer identitären Kulturnation entspricht, ist der Feind. Im Bundestagswahlprogramm von 2017 heißt es: »Die Ideologie des ›Multikulturalismus‹ gefährdet alle [...] kulturellen Errungenschaften. Multi-Kultur ist Nicht-Kultur.« Öffentliches Geld und Unterstützung soll es nur noch für letztlich völkische Kunst geben. Genau so wird es in Ungarn und Polen gehandhabt, wo rechte Parteien schon länger an der Macht sind. Die Neuen Rechten wissen sehr genau, welche Kraft Kunst haben kann, wenn es um Identitätsbildung geht, und wollen diese Kraft für ihre Zwecke nutzen. Sie soll die nationale Identität zum Ausdruck bringen. Aber Kunst, die im Dienst des Staates steht, ist nicht mehr frei und steht nicht mehr für die Freiheit des anderen ein, sondern für die Ausgrenzung aller, die nicht einem Gleichheitsideal entsprechen. Eindeutigkeit statt Vieldeutigkeit ist die Devise.

Manchmal höre ich das Argument, dass das Erstarken des Rechtsnationalen in Deutschland nur nachvollziehe, was schon längst europäische Normalität ist. Wenn dem so sein sollte, kann einem angst und bange werden. Normalität ist, dass in Polen die Lehrpläne umgeschrieben werden, damit das Geschichtsbild der PiS-Partei kulturelle Hegemonie erlangt. Normalität ist, dass in Ungarn nach acht Jahren Viktor Orbán der Staat mittels seiner Institutionen kontrolliert, was gefördert, gedruckt, aufgeführt wird. Linientreue zur Orbán-Partei ist die Voraussetzung für jede Teilnahme am offiziellen Kulturbetrieb. Gefördert werden nur nationalistische Künstler. Das ist nicht Kunst, das ist Propaganda.

Freie Kunst ist aber keine Dreingabe, kein netter Zusatz einer funktionierenden Demokratie. Sie ist ihr Lackmustest. Fällt sie aus, fehlt uns eine kritische Instanz, sicher geglaubte Wahrheiten zu hinterfragen. Je zahmer und bestätigender die Kunst, desto lahmer und unattraktiver ist die Demokratie. In einer Demokratie, deren Gesellschaft hoch individualisiert ist, brauchen wir die Kunst besonders. Eben nicht nur um zu hinterfragen, sondern um Fragen zu stellen, wo »wir« hinwollen? Wer wir sein könnten.

Sprechen ist Übersetzen

Durch Vorgaben, Regeln, Verbote erstarrt Sprache, sie stirbt. Eine lebendige Sprache hat dagegen keine überzeitliche Bedeutung, da Sinn und Verstehen eben nicht ein für alle Mal feststehen. Eine lebendige Sprache ringt immer wieder neu um Verständnis und Verstehen – es ist die Sprache der Demokratie.

Wohl auch deshalb hat die Verachtung von lebendiger Sprache, ja des Sprechens als solches, Konjunktur. Donald Trump brachte diese Verachtung auf die Kurzformel »All talk, no action«. Dafür zollte Horst Seehofer, damals noch bayerischer Ministerpräsident, dem amerikanischen Präsidenten Respekt. Der zieht was durch, kein Arbeitskreis, keine Umsetzungsgruppe, läuft. All action, no talk. Endlich. Wort und Tat werden eins.

Ich verstehe selbstverständlich das Bedürfnis, dass nicht immer nur endlos gelabert wird. Und klar kann man manchmal verzweifeln an den ganzen »Sofortprogrammen«, die noch Jahre später nichts bewirkt haben. An all den »Kommissionen«, die irgendwann mit irgendeiner Minimallösung kommen, die letztlich nichts besser macht. Wenn vor lauter Interessenausgleich die Richtung der Entscheidung gar nicht mehr erkennbar wird. Wenn permanent wieder verwässert wird. Aber: Politisches Handeln ohne zu reden steht am Anfang eines Zerfallsprozesses. Wer das Reden verächtlich macht, verachtet das, was eine Gesellschaft zusammenhält, der verachtet, was die Grundlage für eine funktionierende Demokratie ist: den friedlichen Interessenausgleich. Wir müssen erst verhandeln, um dann zu handeln. Und untrennbar verbunden mit Reden ist das, was Trump, Rechtspopulisten und Rechtsstaatverächtern abgeht: das Zuhören und das Denken.

Reden: das heißt nicht, keine Entscheidungen zu treffen. Reden ist die Voraussetzung für Entscheidungen, es schafft die Grundlagen für die Akzeptanz, für die Dauer von Entscheidungen. Wer in einer Demokratie Macht nutzt ohne zu reden und ein Land zu seinem erklärt, verliert alles, wenn er die Macht verliert. Und so ist es ja auch oft: der Atomausstieg und der Ausstieg aus dem Atomausstieg, Naturschutzgesetze und ihre Abschaffung, das Klimaabkommen und seine Kündigung durch Trump.

Reden ist der Stoff der friedlichen Demokratie, um Entscheidungen herbeizuführen, die auch einen Machtwechsel überdauern können.

Die Bedeutung eines Wortes öffnet sich beim Sprechen. Wenn ich »mein letzter Urlaub« sage, denkt jeder, der das hört, unwillkürlich an etwas anderes. Wenn ich »Liebe« sage, erst recht. Wie viel komplizierter wird es erst bei den großen politischen Begriffen wie »Freiheit«, »Gerechtigkeit«, »Verantwortung«. Freiheit kann Freiheit für etwas sein oder von etwas. Gerechtigkeit kann Leistungsgerechtigkeit, Verteilungsgerechtigkeit oder Teilhabegerechtigkeit bedeuten – und die Programme von Parteien unterscheiden sich genau darin.

Aber die unterschiedlichen Interpretationen und Assoziationen sind nicht per se schlecht. Mit den Unklarheiten und auch mit den Missverständnissen öffnet die Sprache den politischen Raum und sorgt für Debatte. Gefährlich wird es nur, wenn diese Debatte verneint wird, wenn es nicht um den Streit, sondern um den Sieg geht. Und wenn Sprache und Kultur festgeschrieben werden sollen, statt dynamisch, ja subversiv zu sein.

Sprache und Kultur schaffen Beziehungen. Sie sind relational, sie suchen und bestehen auf den Unterschieden im Verstehen, zwischen Menschen, zwischen Meinungen. Das ist ihre Freiheit. Und das ist ihre Bedeutung für eine freie Gesellschaft. Und so wenig, wie eine Nation für sich allein steht oder gar einer anderen überlegen ist, so wenig tut dies eine Kultur oder eine Sprache. Jedes Wort, alles, was wir verstehen, verstehen wir nur, weil andere Wörter (Sprachen, Nationen, Kulturen) sie mit ihrem Verständnis bereichert haben. Alles, was man sagen kann, kann man auch anders sagen. Und wenn wir darauf achten, dass man etwas immer auf zwei oder mehr Arten sagen kann, dann wächst das Bewusstsein, dass alles auch anders sein oder gesehen werden kann. Sprache schafft einen Weltzugang, der immer übersetzt.

Meine Familie und ich wohnen in Flensburg an der dänischen Grenze. Der Landstrich ist über Jahrhunderte von Kriegen verwüstet worden. Deutsche und Dänen übertrugen ihre politische Feindschaft auf die Kultur, auf die Sprache. Und heute ist die Grenzregion ein Zwei-Kulturen-Land geworden, die Begegnung zwischen Deutsch und Dänisch sprachlicher Alltag. Es gibt dänische Theater, dänische Schulen, dänische Sportvereine und dänische Kindergärten in Schleswig-Holstein. Und auf der anderen Seite der Grenze gibt es genau dasselbe, nur eben deutsche Schulen, Sportvereine, Theater und Kindergärten.

Wenn man selbstverständlich mit zwei Sprachen lebt, dann springt man zwischen den Sprachen. Man setzt über – buchstäblich –, indem man übersetzt. Und das Übersetzen erinnert einen daran, dass die Dinge auch in der eigenen Sprache immer anders gesagt werden können. Nichts ist so, wie es in einer Sprache allein ist. Man muss miteinander an einer gemeinsamen Sprache arbeiten, um zu erklären, was man eigentlich sagt. Toleranz hilft dabei. Ja, sie ist Voraussetzung dafür.

Die ältesten Dokumente der Sprachphilosophie gingen von einer Ursprache aus, aus der alle weiteren entstanden. Diese Ursprache war reiner und edler als ihre jeweiligen gegenwärtigen Nachkömmlinge. Denn sie war dichter an Gott. Genauer, sie war Gott. »Im Anfang war das Wort, und das Wort war bei Gott, und Gott war das Wort. Dasselbe war im Anfang bei Gott. Alle Dinge sind durch dasselbe gemacht und ohne dasselbe ist nichts gemacht, was gemacht ist«, so großartig und so unbedingt beginnt das Evangelium nach Johannes. Und es nimmt poetisch den Anfang der Schöpfungsgeschichte des Alten Testamentes auf, in dem es heißt: »Gott sprach: Es werde Licht! Und es ward Licht!« Durch den Akt des Sprechens entsteht die Welt. Und wenn Gott die Welt durch das Sprechen erschafft, dann ist er Sprache. Faktisch – und das bricht mit der Vorstellung von Gott als einer (männlichen) Person – sagen diese Quellen, dass Gott und Sprache zwei Namen des Gleichen sind. Der Logos ist Gott. Und Frevel an ihm strafte er sprachlich. Vor dem Turmbau zu Babel redete die Menschheit in einer Sprache – danach herrschte die große Verwirrung. Niemand verstand mehr die Sprache des anderen.

Dass Gott Sprache sein soll, mag für die einen verstörend sein, für viele Sprachphilosophen war diese Behauptung der Auslöser für einen linguistischen Kreuzzug in die Vergangenheit. Würde man die Sprache der Alten rekonstruieren, würde man Gottes Wort und damit Gott näherkommen. Wenn man herausfinden würde, wie die Namen der Tiere ursprünglich waren, dann würde man wissen, in welcher Sprache Gott sie rief und damit erschuf. Die Suche nach der vollkommenen Sprache beschäftigte über Jahrhunderte die Gelehrten. Heute würde niemand mehr behaupten, dass Hebräisch oder Altgriechisch reiner oder erhabener seien als Französisch, Russisch oder Chinesisch. Das war vor nicht allzu langer Zeit noch anders. Genau diese Reinheit und Erhabenheit wurde für das Französische (Antoine de Rivarol), das Italienische (Dante), das Gälische, das Niederländische (Goropius Becanus) und das Deutsche (Georg Philipp Harsdöffer) proklamiert. Noch der Freiburger Philosoph Martin Heidegger behauptete, man könne nur auf Altgriechisch und Deutsch denken.

All das bräuchte uns nicht zu interessieren, wenn die Argumentationsstruktur dahinter heute nicht wieder greller leuchten würde als in den letzten Jahrzehnten. Schon, dass Gott Sprache und Sprache Gott ist, begründet ein geschlossenes Weltbild. Und diese Geschlossenheit wird in der genealogischen Suche nach dem reinen Ursprung praktisch wiederholt. Der Wahrheitsanspruch einer Aussage, einer Sprache, eines Begriffs wird historisch gerechtfertigt. Allerdings nicht, weil er in seiner Zeit eine gewisse Bedeutung hatte, sondern weil die Geschichte angeblich für eine höhere Wahrheit bürgt. Und diese Wahrheit soll sich in einer direkten Linie der Abstammung manifestieren – zunächst in der der Sprache.

Dass ein Verständnis von Sprache, das ihre Bedeutung aus ihrer Herkunft ableitet, nicht zwangsläufig ist, hat schon der vielleicht kenntnisreichste Sprachforscher seiner Zeit, Wilhelm von Humboldt, ebenfalls unter Bezug auf die Bibel deutlich gemacht. Im Alten Testament strafte Gott die Menschen mit der Sprachverwirrung nach Babel. Aber im Neuen Testament kam Pfingsten: »Alle wurden mit dem Heiligen Geist erfüllt und begannen, in fremden Sprachen zu reden, wie es der Geist ihnen eingab.« Die Fähigkeit, fremde Sprachen zu sprechen, den anderen zu verstehen, die Fähigkeit, übersetzen zu können, ist die neutestamentarische Antwort auf Babel. Der Unterschied zwischen Babel und Pfingsten ist ein politischer. Man kann ihn im Kleinen der politischen Debatte finden und daran das Große der ideologischen Differenz festmachen.

Das Absurde als Grunderfahrung der Moderne, die Uneindeutigkeit, ja Zweischneidigkeit, moralischer Situationen begegnet uns fast täglich. Der Wunsch, möglichst vielen Menschen Wohlstand zukommen zu lassen und das Wissen, dass wir dafür unseren Planeten weiter plündern müssen; die Versprechen von Biotechnologie, Gentechnik und Digitalisierung und ihre Gefahren: die Feststellung, dass man zu viel Staat haben kann, aber auch zu wenig, dass wir uns schuldig machen, wenn wir in kriegerische Konflikte eingreifen, aber auch, wenn wir es nicht tun – all das bedeutet, permanent abwägen zu müssen. Statt Entweder-oder ist unsere Welt oft ein Einerseits-andererseits. Übersetzen, wortwörtlich, von einem Ufer zum anderen übersetzen, ist mehr als ein Sprachverständnis. Es ist eine politische Haltung.

Denn ein Verständnis von Sprache, das an das Übersetzen denkt, das Verstehen des Fremden einfordert, ist der Gegenentwurf zu dem statischen, hegemonialen und nationalen und zu einem Gesellschaftsbild, das sich von der Abstammung herleitet. Das Deutsche selbst, so wie wir es sprechen und kennen, ist ein Gemisch aller möglichen Einflüsse. Reinheitsgebote sind für Bier; für Sprache gilt, dass sie reicher ist, je vielfältiger ihre Einflüsse.

Sprachliche Ohnmacht
ist politische Ohnmacht

Bislang handelt dieses Buch von zweierlei: von der lebendigen Sprache der Demokratie im Gegensatz zur toten Sprache von Diktaturen und vom Bewusstsein dessen, was wir mit Sprache bewirken. Dabei gibt es aber eine Falle, die sich nur allzu gern öffnet. Aus der hohen Sensibilität für das, was Sprache anrichten kann, und dem Wunsch, es anders, es besser zu machen, wird leicht und ungewollt ein fixes Regelwerk. Das gilt insbesondere für die Sprache der Politik. Bevor man als Politiker spricht, stellt man sich immer häufiger die Frage: Was sage ich und was sage ich nicht? Welche Begriffe benutze ich und welche nicht? Das widerspricht natürlich dem Wunsch nach lebendiger, ja freier Sprache, die allenthalben an Politiker herangetragen wird. Und es macht angreifbar, gerade wenn man derjenige ist, der sich gegen Dogmen ausspricht.

Im Sommer 2018 war ich bei einem Treffen verschiedener Bürgerinitiativen gegen rechts in Kandel. Kandel ist ein kleiner, beschaulicher Fachwerkort in der Südpfalz, rund

9000 Einwohner, der binnen kurzer Zeit zum Brennglas der Auseinandersetzungen unserer Gesellschaft geworden ist. In Kandel wurde kurz nach Weihnachten 2017 das Mädchen Mia von einem jungen Afghanen erstochen. Sie war zuvor mit ihm zusammen, machte dann Schluss, und der junge Mann tötete sie. Trauer herrschte im Ort, Wut, Schockstarre. Sofort warfen Rechtsextreme, Identitäre und AfDler ihre professionelle Propagandamaschine an. Sie strömten von auswärts nach Kandel, um aus dem Tod des Mädchens politisches Kapital zu schlagen. Sie marschierten auf und hetzten gegen Flüchtlinge und gegen jeden und jede, die sich dafür einsetzen, dass wir – bei allen Unterschieden – irgendwie miteinander auskommen. Es dauerte eine Weile, bis die Kandeler sich gegen die Vereinnahmung ihres Ortes wehrten. Aber irgendwann taten sie sich zusammen – strickende Omas, Frauen, die bislang nichts mit Politik zu tun hatten, ältere Herren, die eigentlich in Funktionskleidung zwischen den blühenden Mandelbäumen Mallorcas wandern wollen, Schülerinnen und Schüler, die eigentlich Party machen wollen – und halten seitdem den Rechten entgegen: Ihr seid nicht Kandel. Wir sind Kandel. Und sie suchten nach einer gemeinsamen Linie, ja nach einer gemeinsamen Sprache.

Als ich mit ihnen sprach, erzählte eine Frau, die in der Flüchtlingshilfe engagiert ist, dass es schon schwieriger sei mit jungen Muslima und vor allem mit älteren muslimischen Frauen zu arbeiten als mit Menschen, die »im christlichen Abendland« aufgewachsen seien. Sie sagte das im freien Redefluss, nicht ausgrenzend, nicht stigmatisierend, sondern im Willen, zusammenzuführen, und wissend, dass es Arbeit ist, die lohnt. Dennoch raunte ein paar Stuhlreihen hinter ihr jemand: »Falsches Wort.«

Das Feld, auf dem die Frage verhandelt wird, was man wie sagen darf, ist auf den Namen »political correctness« getauft. Politische Korrektheit ist ein Vorwurf und als Vorwurf selbst ein politisches Framing. Bestimmte Milieus würden andere Menschen sprachlich ausschließen, heißt es. Wenn man nur in einer speziellen Form etwas sagen dürfe, dann seien alle, die diese Form nicht beherrschten, draußen und dürften an dem Gespräch nicht teilnehmen. Dass dieser Vorwurf manchmal durchaus zutrifft, zeigt das Beispiel aus Kandel.

Eine neutrale Definition von »Political Correctness« liefert der Duden. Sie sei eine »Einstellung«. Die Achtsamkeit Sprache gegenüber führt zu einer veränderten Sprache, um Diskriminierung nach »ethnischer Herkunft, Geschlecht, sozialer Schicht, sexueller Neigung« zu reduzieren und zu überwinden. So sagt man nicht »Neger« (geschweige denn »Nigger«), sondern Afrodeutsche, spricht nicht von Behinderten, sondern von Menschen mit Behinderungen oder Handicap, nicht von Mongoloiden, sondern von Menschen mit Downsyn-

drom. So gesehen ist der Wille, sich politisch korrekt auszudrücken, der Versuch, ethisch-moralische Kategorien
sprachlich zu fassen. Er ist letztlich Arbeit an politischer
Sprache, die ja immer neue Begriffe und Bilder schaffen
will und muss, um die Wirklichkeit zu verändern.

Allerdings ist »Political Correctness« vor allem ein
Kampfbegriff der Rechten. Der Erste, der in Deutschland mit Furor gegen Political Correctness wetterte, war
der rechte SPD-Politiker Thilo Sarrazin. Er witterte eine
»linke Sprachpolizei« und hielt ihr ein »Das wird man
ja wohl noch sagen dürfen« entgegen. Seitdem legiti-
miert der Kampf gegen »Political Correctness« stets
neue sprachliche Grenzüberschreitungen bis hin zu of-
fenem Rassismus und Sexismus. Der Vorwurf, ein Gut-
mensch zu sein, beendet inzwischen jede Debatte.

Wie also weitersprechen?

Das Problem ist, dass wir einerseits mit Sprache die
Welt verändern – zum Guten wie zum Schlechten –, aber
dass Menschen andererseits auch ihre Selbstgewissheit
verlieren, wenn sie nicht mehr wissen, wie sie ihre Sorgen oder Fragen artikulieren können. Oder – da Sprache
ja erst das Bewusstsein für Sorgen schafft – präziser: Der
Kampf um Begriffe und Ausdrucksweisen spaltet die
Gesellschaft in unterschiedliche Teilbereiche, die völlig
unterschiedliche Probleme und Selbstwahrnehmungen
haben. Es müssen nur alle glauben, was sie sagen, dann

ist der Zusammenhalt erledigt. Und es gibt kein Anzeichen dafür, dass Menschen nicht glauben, was sie sagen. Donald Trump schafft es sogar, dreimal täglich das Gegenteil des Vorherigen zu sagen, und glaubt sich selbst dabei offenbar immer noch.

So gesehen ist sprachliche Ohnmacht politische Ohnmacht. Und in komplexen, turboschnellen Zeiten wird es für viele immer schwieriger auszudrücken, wie sie die Welt und die Probleme der Welt sehen. Nicht weil sie sprachlich unterdrückt worden wären, sondern weil sie schlichtweg keine Sprache haben, um sich über manche Dinge demokratisch und konstruktiv zu streiten. Wie man über sich selbst als Mann redet, ob man noch »brüderlich« in der Nationalhymne singen darf, wie man über vegane Ernährung spricht – alles ist politisch aufgeladen. Auch für mich ist das manchmal schwierig – nicht zuletzt während des Schreibens an diesem Buch. Für viele Menschen, die sich nicht beruflich mit Ausdrucksweisen beschäftigen, bauen sich aber echte Barrieren auf.

Der Kampf der Rechten ist, glaube ich, auch deshalb so erfolgreich, weil er einen Raum der Sprachlosigkeit füllt, den die politische Linke gelassen oder aufgemacht hat. Sprache ist auch Heimat. In einem ganz grundlegenden Sinne. Nur wenn ich die Sprache jener um mich herum verstehe, kann ich mich in der Welt zurechtfinden, orientieren, zu Hause fühlen. Wenn ich sie nicht mehr verstehe, verliere ich diese Orientierung. Jeder, der mal in einem Land war, wo er nichts und niemanden versteht, weiß, welche einsame Zwischenwelt entsteht, wenn man wie Bill Murray in »Lost in Translation« schlaf- und haltlos durch Tokio treibt, die Töne nicht versteht, ja noch nicht einmal die Schrift lesen kann. Wer die Sprache verliert, wird heimatlos.

Diese Verlorenheit, wenn man die Sprache des anderen nicht versteht, lässt sich auch im eigenen Land und in der eigenen Sprache erfahren. Wir Grüne zum Beispiel benutzen in unseren offiziellen Texten wie selbstverständlich den GenderStar, um sichtbar zu machen, dass alle Menschen in der Sprache ihren Platz haben – aber in Ostdeutschland schauen einen die Menschen verständnislos an, wenn man von Arbeiterinnen und Arbeitern spricht, obwohl es dort seit Jahrzehnten selbstverständlich ist, dass Frauen arbeiten – viel selbstverständlicher, als es lange Zeit im Westen war.

Auf Parteitagen habe ich oft gehört – und sicherlich auch selbst mal gesagt: »Wir kümmern uns um die sozial Schwachen.« Oder: »Wir haben auch viele Mitglieder, die kein Abitur haben.« Was soll das heißen? Dass wir die Elite sind, aber ein gutes Herz haben? Diese Haltung verprellt. Auch die politische Linke kann – wenn sie im Angriffsmodus ist und von »white trash« oder den »kleinen Leuten« spricht – ausgrenzend sein.

Das heißt nicht, nicht mehr auf Sprache zu achten. Im Gegenteil. Es heißt, viel umfassender auf Sprache zu achten und dabei stärker das zu beherzigen, worum es im Kern geht: um Verständlichkeit, Respekt, Anerkennung. In dieser Phase der deutschen und europäischen Demokratie geht es nicht in erster Linie um sogenannte politische Mehrheiten – welche Partei muss was tun, um in welcher Farbkonstellation zu regieren? Es geht um gesellschaftliche Mehrheiten. Wenn wir darum nicht kämpfen, fällt die Gesellschaft auseinander. Allerdings ist es viel schwerer, gesellschaftliche Mehrheiten zu erlangen und zu behaupten als politische. Es fordert uns mehr. Es fordert einen Blick für das Gesamte – und dazu gehört auch das, was man erst mal doof oder falsch findet. Es erfordert, dass wir gesellschaftliche Bündnisse schmieden, die größer sind als unsere jeweilige Wählerschaft. Das Bündnis in Kandel macht es uns vor.

Politik ist das Wissen, dass politische Entscheidungen das Leben von Menschen verändern – und nicht alle dabei gewinnen. Und dass wir den Unterlegenen danach noch in die Augen schauen müssen. Daher sollten wir möglichst so reden, dass das möglich bleibt. Politik ist nicht die Technik der Macht, sondern die Demut vor der Macht. Und dabei hilft eine bedachte, aber mutige, eine sorgsame, aber freie Sprache.

Witz und Satire als Mittel
gegen ideologische Verblendung

Was eine Aussage bedeutet, hängt immer vom Kontext ihrer Gegenwart ab. So etwas wie einen überzeitlichen, immer gültigen Sinn eines Worts oder eines Satzes gibt es nicht. Die Wirklichkeit der Sprache ist Vielfalt und Uneindeutigkeit. So entstehen Widersprüche. So entstehen Witze. Witze, Ironie, Satire sind der Widerspruch zu einem totalitären Sprechen.

Auch über mich werden Witze gemacht oder Cartoons gezeichnet. Ich finde nicht immer alle davon lustig. Das liegt schlicht daran, dass auch ich eine eigene Vorstellung von meinem Ich, meiner Person, meiner Identität habe. Und der Witz entlarvt diese Vorstellung, stellt sie aus, macht sie lächerlich. Witze sagen, es kann auch anders sein. Witz und Satire sind – wenn sie einen selbst betreffen – die schmerzhafteste Warnung vor ideologischer Blindheit und politischem Dogmatismus. Wer über sich selbst lachen kann, wird kein erfolgreicher Diktator. Wer über sich selbst lacht, weiß die eigene Macht begrenzt.

Nationalisten, autoritäre Regime und vor allem religiöse Fundamentalisten können Satire nicht ertragen. Denn sie desavouiert und unterminiert unerbittlich Aussagen, Systeme, Lehren, die neben sich keine anderen bestehen lassen, die behaupten, im Besitz einer höheren, nicht zu hinterfragenden Wahrheit zu sein.

Der Philosoph Hubert Schleichert schreibt in seinem Buch »Wie man mit Fundamentalisten diskutiert, ohne den Verstand zu verlieren«: »Toleranz ist eine Tugend, die nicht auf Neigung beruht; sie ist vielmehr die Bändigung einer intensiven Abneigung. Toleranz heißt, jemanden dulden, aushalten, ertragen, obwohl wir ihn nicht leiden können, obwohl er uns stört, herausfordert, irritiert.« Die Satire testet unsere Toleranz. Sie ist der Test, ob wir um die Bedingtheit und Gemachtheit unserer Werte wissen. Deshalb hassen Autokraten wie Erdoğan die Satire und Jan Böhmermann, deshalb ermorden Terroristen die Karikaturisten von Charlie Hebdo im Namen einer Religion.

Mit Verfechtern der Intoleranz kann man nicht diskutieren, Argumente greifen nicht, weil sie sich ja nicht auf Argumente verpflichten lassen. Um Intoleranz zu widerlegen, bedarf es anderer Strategie: beispielsweise einer subversiven, die gerade das Grundprinzip der Intoleranz angreift, nämlich die Behauptung, dass es nur eine Wahrheit gibt.

Das schafft die Sprache der Satire, indem sie die Fanatiker der Lächerlichkeit preisgibt. Alle Ideologen hassen die Satire, weil sie Zweifel hassen, und sie hassen Zweifel, weil Zweifel zu Nachdenklichkeit führt. Vor allem hassen sie das Lachen über ernste Sachen. »Wer über eine Sache lacht, hat keine Angst mehr vor ihr. Die Angst vor dem Lachen ist Angst vor dem Denken«, so Schleichert.

Aber damit nicht genug. Durch das Lachen, das Verfremden, die Karikatur, den Witz werden Fundamentalisten jeglicher Couleur quasi entwaffnet. Sie werden auf den Boden des kritischen Diskurses geholt, indem man sie nicht zu Feinden erklärt, die man bekriegen muss, sondern ihre Wahrheit zu einer Meinung neben anderen macht. Kann man haben, muss man nicht, sagt die Satire. Sie organisiert die Niederlage der Orthodoxie und den Sieg der Demokratie. Denn sie macht deutlich, dass die Grundrechte in einer offenen Gesellschaft auch für die gelten, die sie nicht achten.

Demokratische Selbstreflexion

Natürlich braucht Politik Überzeugungen. Wir haben eher zu wenige als zu viele. Der Unterschied zwischen Demokraten und Ideologen aber ist, dass die einen in der Lage sind, auch ihre eigenen Werteprinzipien zu reflektieren und im Verhältnis zu anderen zu sehen, die anderen nicht.

Denn auch Werte werden von Menschen mittels Sprache definiert. Sie geraten miteinander in Konflikt und müssen in Verhältnis zueinander gesetzt werden. Von nichts anderem handelt das Grundgesetz – die Freiheit des einen findet ihre Grenze in der Freiheit des anderen, nichts ist absolut. Selbst Werte wie Menschlichkeit oder Toleranz sind in historischen Kontexten entstanden – und damit in einem gewissen Sinn relativ. Das heißt nicht, dass wir sie aufgeben können oder sollten, wenn sie uns zu anstrengend werden oder nicht mehr zu passen scheinen, sondern das heißt, dass sie immer neu begründet, verteidigt und in den jeweiligen Kontext gestellt werden müssen. Es ist vielleicht kein Zufall, dass gerade Satiriker wie Jan Böhmermann und Klaas Heufer-Umlauf sich an die Spitze der Verteidiger der privaten Seenotrettung im Mittelmeer gestellt haben. Satiriker wissen, dass Überzeugungen und Werte entstehen und vergehen, erkämpft werden müssen oder verschwinden wie Tau.

Gerade bei der Frage der Seenotrettung und des Asylrechts sind Werte, Moral und eine höhere Wahrheit fundamentale Antriebsfedern. Man kann die Seenotrettung – egal, wer sie durchführt – faktisch nicht begründen, ohne auf ethische Normen und moralische Vorstellungen zu verweisen. Man braucht einen starken Begriff vom Wert des Lebens und von der Verpflichtung, es zu schützen. Deshalb schlagen gerade im Bereich der Asyl- und Geflüchtetenpolitik die Wellen so hoch. Jede Entscheidung berührt unmittelbar ethische Grundeinstellungen. Und über die müssen wir reden und streiten. Entlang welcher Kriterien bewerten wir unser politisches Handeln? Welche geben wir aus? Welche entwickeln wir weiter? Sollten Tiere eigene Rechte bekommen? Das ist beispielsweise eine der neuen ethischen Fragen, die es zu klären gilt. Ein moralisierendes Sprechen macht aber genau das nicht. Es sucht nicht die ethische Reflexion, sondern setzt Werte als gegeben voraus und fordert, dass sie eingehalten werden, einfach, weil sie da sind.

Moralische Prinzipien sind der Rahmen politischen Handelns. Politik selbst bedeutet ganz wesentlich, Inte-

ressen zu vertreten und für Ideen und Sachen zu streiten, für die man Partei ergriffen hat. Aber sowohl die
Ideen und Interessen wie auch vor allem die Mittel, um
sie zu verwirklichen, kann man moralisch prüfen oder
hinterfragen. Darf man Interessen kriegerisch durchsetzen, wenn man ein politisches Ziel als moralisch legitim
erachtet? Darf man illegal beschaffte Daten zur Bekämpfung von Steuerbetrug nutzen? Immer müssen Hand-
lungsoptionen gegeneinander abgewogen werden. Aber
Politik schwächt sich, wenn sie davon ausgeht, dass auch
ihre Ziele moralisch überlegen sind und sie selbst im Besitz einer höheren Wahrheit ist – und deshalb die Moral Argumente ersetzt. Wer seine Position nur moralisie-
rend begründet, ist oft unterlegen, meistens aufdringlich
und vor allem selten anschlussfähig. Man kann die Position nur teilen oder verwerfen, man kann sie nicht nutzen, um die Meinungen anderer langsam, aber sicher im
eigenen Sinne zu ändern – und man verliert die Bereitschaft, auch selbst mal eine Position zu ändern.

In der Sprache der Demokratie geht es deshalb nicht
um Wahrheit oder ewige Werte, sondern um Argumente
und Rechte. Das klingt vielleicht verstörend oder rela-
tivierend. Ist es aber nicht. Es ist die Konsequenz des
Zuhörens, der Demut der Macht. Und es ist die eigentliche Möglichkeit, im demokratischen Wettstreit Mehrheiten zu gewinnen. Vor allem ist es nicht das Gleiche

wie die Forderung, Moral aus der Politik zu verbannen. Man kann weder die Frage nach der Rettung von Flüchtlingen noch die Frage nach fairen Handelsbeziehungen oder wie wir Tiere halten, um sie zu töten und zu essen, und ob wir das dürfen, ohne moralischen Bezug diskutieren. Das wurde gerade bei der Diskussion um die Seenotrettung deutlich, weil auf einmal etwas ganz Fundamentales so offen und schamlos infrage gestellt wurde, dass sogar Konservative sich angewidert abwandten: nämlich, dass ein Mensch ein Mensch ist.

Aber die politische Diskussion wird dann stark, wenn sie auf der Grundlage von Moral gute Argumente entwickelt, die in der widersprüchlichen, unübersichtlichen Wirklichkeit bestehen können. Etwa, dass es unsere eigene Demokratie und Stabilität stärker bedroht, wenn wir Menschen in Not keine Hilfe und keinen Schutz angedeihen lassen, dass unser Wohlstand nicht auf Dauer die Armut in anderen Ländern vergrößern darf, weil das zu mehr Instabilität, mehr Unsicherheit, mehr Krisen und Kriegen führt. Wenn uns deutlich wird, dass die wirtschaftlichen Verflechtungen unmittelbar unseren Alltag betreffen. Wenn zum Beispiel Afrika kein Kobalt oder Wolfram mehr für unsere Handys liefert, dann haben wir sofort ein massives Problem. Und wenn wir unsere Landwirtschaft nicht tunlichst ändern, dann werden wir bald gar keine mehr haben, die ihren Namen verdient, sondern nur noch Lohnmäster und industrielle Eiweißproduktion.

Moral muss man übersetzen. Und Wahrheit muss man pluralisieren. Es gibt meist mehr als eine.

Für die *eine* Wahrheit gibt es ein anderes Feld. Das der Religionen. Und die gehen zu Recht in ihrem Kern von einem »Geheimnis des Glaubens« aus. Im Glauben gibt es einen Bereich, der dem Diskurs, dem Streit der Meinungen, entzogen ist. Deswegen ist er subjektiv. Aber Politik muss objektivieren. Demokratische Politik ringt darum, dass und wie aus lauter Einzelmeinungen allgemeine Rechte entstehen. Im Glauben gibt es einen Bereich von Privatheit und Intimität, der der öffentlichen Auseinandersetzung entzogen ist und bleiben sollte, der einen Sonderstatus hat und als solcher auch ein eigenes Recht für sich beansprucht. Deshalb haben demokratische Gesellschaften die Trennung von Staat und Kirche. So wenig der Staat den Menschen vorschreiben darf, was sie zu glauben haben, so wenig kann eine Kirche aus der Erkenntnis ihrer jeweiligen Wahrheit ableiten, dass alle ihr folgen müssen.

Deshalb ist übrigens das Problematische an der Kreuzpflicht, die die CSU im Sommer 2018 in allen öffentlichen Gebäuden in Bayern einführte, nicht, dass sie profane Amtsstuben sakral vereinnahmt, sondern umgekehrt, dass sie damit die Freiheit und Privatheit des Glaubens gering schätzt. Es ist ein Missbrauch des Glaubens. Es verdinglicht den Glauben und degradiert ihn zu einem Brauchtum. Markus Söder gab das sogar freimütig zu, als er zunächst sagte: »Das Kreuz ist nicht ein Zeichen einer Religion.«

Unfreiwillig imitiert Markus Söder die Sprache der Satire, wenn er Kreuze über Resopaltische hängen lässt. Was sakral, ehrwürdig und für einige heilig ist, würdigt er zu einem folkloristischen Gegenstand herab. Das Lächerliche war auf dem gestellten Foto des Moments zu besichtigen, als Söder das Kreuz in die Kamera streckte – und von dem Winfried Kretschmann sagte, es erinnere ihn an einen Vampirfilm.

Sprachlicher Populismus

Niemand ist vor sprachlichem Populismus gefeit. Mich eingeschlossen. Politische Debatten sind hitzig und gerade in dieser Phase der Auseinandersetzung um die Zukunft der Republik brauchen wir Leidenschaft, Inbrunst für eine liberale Demokratie. Und ja, es geschieht, dass man dabei die Contenance verliert, wütend wird, auch sprachlich nach jedem Mittel greift, um seinen Standpunkt deutlich zu machen. Auch mir passiert das: in Talkshows, in Interviews. Aber ich versuche, an mir zu arbeiten. Es gibt eben sprachliche Figuren des Populismus, die verführerisch sind. Sie sind deshalb populistisch, weil ihre Aussagekraft gering ist, aber im Streit der Wörter sehr wirksam.

Eine dieser rhetorischen Figuren ist die unzulässige Verallgemeinerung. Eine – oftmals sogar unbewiesene – Behauptung, die ein Einzelfall ist, wird verallgemeinert. Ein Beispiel aus vergangenen Zeiten: Guido Westerwelle kannte einen Arbeitslosen, der angeblich in Florida von Hartz IV in Saus und Braus lebte. Woraus

Westerwelle folgerte, dass Hartz-IV-Bezieher buchstäblich in der »sozialen Hängematte« liegen. Heute gibt es zahlreiche andere Beispiele: »Ich kenne einen Flüchtling, der hat drei Handys« wird zu »Flüchtlinge leben in Saus und Braus«. »Eine Freundin meiner Nachbarin geht abends wegen der Flüchtlinge nicht mehr vor die Tür« wird zu »Die öffentliche Sicherheit ist gefährdet«. »In Talkshows der ARD und des ZDF reden immer die Gleichen« wird zu »Der öffentlich-rechtliche Rundfunk ist korrupt«. Populistisch sind diese Aussagen, weil das Gegenargument nicht sticht. Ich kenne keinen Flüchtling mit drei Handys – na und? Die Geschichte ist gesetzt – eben weil es im Populismus nicht um Fakten, sondern um Verallgemeinerungen geht.

Das ist in der jetzigen Situation das zusätzlich Gefährliche an islamistischen Terroranschlägen und Straftaten durch Flüchtlinge wie in Kandel. Ja, es sind Einzelne und jede Einzelne dieser Taten ist erschreckend. Aber ihre Taten sorgen für die ganz großen Verallgemeinerungen. Und häufig genug führen sie zu neuen Gesetzen, ohne aber ernsthaft zu prüfen, ob hinter der einzelnen Tat überhaupt ein strukturelles, allgemeines Problem steht, das eben tatsächlich nur strukturell – also mit neuen Gesetzen – gelöst werden kann.

Eine zweite sprachliche Figur des Populismus ist die unterstellte Alternativlosigkeit. Neulich beschimpfte mich im Zug ein AfD-Wähler, dass die Grünen schuld am Erstarken der AfD seien. Es war eine unangenehme Situation, in der Öffentlichkeit angepöbelt zu werden. Unangenehmer war aber die Argumentation des Mannes: Ein komplexes Phänomen wird einer Ursache zugeordnet, einem Schuldigen. Den Grünen, Angela Merkel.

Dass ein AfD-Wähler einen Grünen als Schuldigen für seine politische Verortung ausmacht, habe ich zunächst als unlogisch abgetan. Aber dann begriff ich die Logik dahinter: Weil es die Grünen gibt, muss es die AfD geben. Weil es private Seenotrettung gibt, kommen die Flüchtlinge. Das politisch Brisante an der Struktur dieses Arguments ist die vermeintliche Zwangsläufigkeit. Weil etwas passiert ist, muss etwas anderes passieren. Als ob wir keine Wahl hätten. Als ob wir nicht in einer Demokratie leben würden.

Wieweit das Denkschema der Zwangsläufigkeit schon in die Köpfe der Demokraten eingesickert ist, konnte man gut an einem Satz von Horst Seehofer während der CDU/CSU-Krise im Juli 2018 beobachten. Dort stellte er der Kanzlerin nicht nur ein Ultimatum, er verknüpfte es mit einer »Automatismus«-Ankündigung: Wenn x nicht passiert, passiert y. Aber Politik in einer Demokratie ist kein Algorithmus. Wir können uns anders entscheiden. Wir können zum Beispiel mehr Geld für die Bekämpfung der Fluchtursachen ausgeben, das heißt, wir können aufhören, selbst zusätzliche Fluchtursache zu sein und mit unserem Lebensstil, unserer Landwirtschaft, unserer Politik auf Kosten anderer zu wirtschaften, wir können Integration fördern. Wir können – wir müssen nicht. Frei entscheiden zu können, bedeutet, Kontrolle über seine Entscheidungen zu haben. Und so kam es dann ja auch im Fall der CDU/CSU-Krise, und Seehofers Ultimatum wurde durch eine windelweiche Formulierung abgelöst. Die CSU hatte sich entschieden, dass die Alternative des Bruchs mit der CDU die schlechtere gewesen wäre.

Drittens bedient der Populismus das Vorurteil, dass »früher alles besser war«. Am allerbesten war es vermutlich, als Gottes Wort noch ungeteilt war. Die Metaphern des kulturellen Niedergangs, die zum festen und ältesten Arsenal der abendländischen Gefühlswelt gehört, finden sich inzwischen überall im politischen Diskurs.

Dass Angela Merkel im September 2015 im Alleingang die Grenzen geöffnet habe, ist solch eine Behauptung. Zum einen ist sie historisch falsch, weil erstens die Grenzen nach Österreich und Ungarn 2015 offen waren und man sie hätte schließen, das heißt die Flüchtlinge zurückdrängen müssen; zweitens, weil Ungarn unter Victor Orbán die Flüchtlinge in Busse gen Österreich gesetzt hatte und der damalige österreichische

Außenminister und heutige Bundeskanzler, Sebastian Kurz, die Bundesregierung ausdrücklich gebeten hatte, die Flüchtlinge aufzunehmen; schließlich drittens, weil das Kabinett sehr wohl informiert worden war und der Aufnahme zugestimmt hatte (nur Horst Seehofer nicht, weil er angeblich am Wochenende nicht auf sein Handy schaut). Zum anderen aber weist die Legende von der angeblichen Grenzöffnung zurück in die Vergangenheit. Sie ordnet eine Schuld zu. Faktisch wird damit ein neuer Sündenfall geschaffen. Das schließt an den Urmythos an: Seit der Vertreibung aus dem Paradies, erst recht seit dem Turmbau zu Babel, ist alles schlechter geworden. Fremdes ist entlang dieses kulturellen Paradigmas immer eine Bedrohung, Fortschritt wird zur Dystopie des kulturellen Verfalls. Kultur und Subkultur werden mit Argwohn begleitet und mit Leitkultur geheilt.

Viertens teilt der Populismus die Gesellschaft in »Wir« und »Die«. »Die Ostdeutschen« sagen Westdeutsche gern; »die Menschen da draußen« ist eine schlimme politische Phrase, die Politiker als eigene Kaste erscheinen lässt; »die Flüchtlinge« sagen die Eingeborenen; Jung gegen Alt, Stadt gegen Land, Hipster gegen Normalos – und alle vergessen, dass »die« ja zuhören und sich schon beim Hören ausgegrenzt fühlen müssen.

So unterschiedlich wir sind: Es gilt ein »Wir« zu

formulieren. Keines, das in allem übereinstimmt, aber doch eines, das Übereinstimmung auf den Prinzipien von Gleichheit prinzipiell für möglich hält. Das ist der Unterschied zum völkischen Wir der Nationalisten. Das schließt eben einige prinzipiell aus. Nicht nur diejenigen, die nach den verqueren Vorstellungen der Nationalisten nicht »dem Volk« angehören, sondern auch alle Andersdenkende, Kritiker, Sozialisten, Grüne und auch die, denen all das schlicht egal ist. Wir sollten an einem Wir des Gesprächs arbeiten, nicht an einem der Ansage.

Der Diskurs der Angst

Vor allem aber braucht populistische Sprache die Krise und die Angst. Das gilt auch für linken oder ökologischen Populismus: »Ackergift« für Pestizide, »genverseucht« für gentechnisch veränderte Pflanzen, »Chemiebauer«, »Agrarmafia«, »Horrorsaat«, »Frankensteinpflanze« – das sind alles Wortschöpfungen, die Angst schüren und auch schüren wollen.

Und im Internet löste kürzlich der feministische Hashtag #MenAreTrash eine eskalierende Debatte aus. Weder Menschen noch Männer sind Müll. Es ist dieselbe Gleichsetzung von Menschen mit Dingen wie auf der rechten Seite der politischen Sprachverrohung. Und dass solche verbalen Tiefschläge der Sache der Emanzipation helfen, darf man wohl getrost bezweifeln.

Auch die Geschichte der Grünen ist nicht frei von Angst: Wir wurden gegründet, weil die bestehenden Parteien keine Antwort hatten auf das, was los war und sich anbahnte: auf die Umweltprobleme, die Atomkraftwerke, den Kalten Krieg. Und natürlich gab es Angst:

Angst vor dem sauren Regen, vor einem atomaren Gau wie in Tschernobyl, vor der atomaren Aufrüstung, einem dritten Weltkrieg. Damals wurden wir von der etablierten Politik nicht gehört. Die anderen Parteien hatten kein Sensorium für Umweltprobleme, für den Wunsch nach Selbstbestimmung, nach größerer gesellschaftlicher Freiheit. Aber in sehr schneller Zeit gelang es, aus der Angst und der Sprache der Angst auszubrechen und eine Partei zu formieren, die Antworten gibt, Lösungen vorschlägt und nach vorne weist.

Die dominanten Angstbilder der letzten Zeit kommen von rechts. Der Wortschatz und die Bilder, die immer wieder verwendet werden, schüren vor allem den Eindruck, dass der Staat nichts im Griff habe. »Illegale Zuwanderung«, »Flüchtlingswelle« oder der Titel des Buches von Thilo Sarrazin »Deutschland schafft sich ab«, in dem er rassenbiologische und eugenische Theorien verbreitet hat – als ob alle 68 Millionen Flüchtlinge, die es laut UNHCR zurzeit gibt, zu uns nach Deutschland kommen wollten, geschweige denn die 7,3 Milliarden Menschen, die zurzeit auf der Welt leben. Als ob wir nicht in wenigen Jahren Herausragendes in Sachen Integration geleistet hätten.

In schneller Folge macht zum Beispiel die CSU in der Flüchtlingspolitik immer neue Probleme auf, ohne die zuvor benannten gelöst zu haben: Erst schürten sie den Eindruck von einer massenhaften Zuwanderung, die nur über eine Obergrenze gelöst werden könne. Dann schürten sie die Angst vor einem angeblich massenhaften Familiennachzug. Dann suggerierten sie, Wohl und Wehe der Nation und die Zukunft des Rechtsstaates hingen an der Zurückweisung von in anderen EU-Ländern registrierten Flüchtlingen. Dann holten sie die angeblich sicheren Herkunftsländer wieder hervor. Ein Problem nach dem anderen wurde groß gemacht statt gelöst, und die tatsächlichen Probleme wie Strukturschwächen und Personalprobleme beim Bundesamt für Migration und Flüchtlinge und bei den Gerichten sowie fehlende Rücknahmeabkommen landeten schnell wieder in der Schublade. Die Botschaft im Subtext war: Seht her, wie schlecht alles ist, wenn nicht ...

Das Spiel mit Katastrophenszenarien und die Unbeständigkeit kann man heute besonders gut bei Donald Trump beobachten, der alle naselang das Gegenteil dessen macht, was er angekündigt hat. Insofern ist die Wankelmütigkeit die korrespondierende Röhre zum Automatismus. Diese Unbeständigkeit hebt auf, was die Automatismus-Rhetorik suggeriert. Sonst wäre die Welt schon längst vor die Wand gefahren. Aber Planbarkeit oder auch nur Lösungskompetenz entsteht so nicht.

Auch bei AfD, Pegida und dem aggressiven Wutbürgertum steht die Angst Pate. Angst vor dem Fremden, Angst vor dem Islam, Angst vor Flüchtlingen. Angst und Angstmacherei als politische Figur ist aber älter als die Ankunft der Flüchtlinge. Einerseits ist es eine klassische sprachliche Figur, und es bedarf einer großen Anstrengung, ihr zu widerstehen. Andererseits ist schon ab den Nullerjahren eine »Gesellschaft der Angst«, wie sie der Soziologe Heinz Bude nannte, entstanden, an der sich jetzt auch die Angst vor den Fremden nähren kann.

Man braucht nicht viel psychologischen Feinsinn, um nachzeichnen zu können, wie sich diese nervöse, poröse, gereizte Mentalität geformt hat. Die Sozialreformen der Regierung Schröder erhöhten eben nicht nur den Druck auf Arbeitslose und nahmen die Ersparnisse, bevor man Unterstützung bekam, sie nahmen auch allen anderen Sicherheit. Stets verfügbar sein zu müssen, wurde zum Lebensgefühl nicht nur von Arbeitslosen, stets versagen zu können zum dauernden Begleiter. Und sie nahmen Würde. Menschen, die sich nicht zu den Eliten zählen durften, nicht zu den Erasmus-Studenten mit EU-Austauschprogramm, den Dreiteiler-Trägern, die stilistisch von dem rot-grünen Kabinett angeführt wurden, mussten sich nachgerade gedemütigt fühlen. Das Bild vom Sozialschmarotzer, von auf dem Sofa biersaufenden Faulenzern, tat sein Übriges.

Dann folgten die Bankenrettung und die Niedrigzinspolitik, die Rentenrücklagen fielen, während die Lohnungleichheit zunahm. Die Schuldenbremse wurde verfassungsrechtlich verankert und die schwarze Null zum Ziel der Politik. Das Sparen selbst wurde schon für Politik gehalten und löste das Gestalten ab. Die Konsequenz ist heute eine klaffende Lücke an Zukunftsinvestitionen in Wohnungen, in digitale Infrastruktur, in Verkehrsnetze. Das Ankommen der Flüchtlinge, für die Wohnungen gebaut und plötzlich Lehrer und Lehrerinnen eingestellt wurden, war somit Auslöser, nicht Ursache der Angst. Zumindest sind sie keineswegs ein zwangsläufiger Grund für rechten Nationalismus oder linken Sozialchauvinismus. Wir können uns auch anders entscheiden und für internationale Solidarität, veränderte Handels und Haushaltsregeln und bessere soziale Sicherungssysteme eintreten.

Wenn jemand Angst hat, dann schafft er sich eine subjektive Wahrheit. Politische Angst ist weder objektiv und in dem Sinn rational, noch ist sie eine schlichte Emotion, die morgen wieder vergangen ist. Im Modus der Angst, des Hasses oder des Trotzes stimmen Menschen gegen ihre eigenen Interessen. Man kann AfD-Wählern zehnmal sagen, die AfD würde eure Rente noch stärker kürzen, sie antworten: Ist egal. Darum geht es nicht. Es geht darum, es denen da oben mal zu zeigen.

Der französische Soziologe und Philosoph Didier Eribon beschreibt das in seinem Buch »Rückkehr nach Reims« am Beispiel seiner Familie, die sich irgendwann dem Front National zuwandte. Eribons Mutter war Putzfrau, sein Vater Fabrikarbeiter, sein Bruder machte eine Metzgerlehre. Die Familie hatte nie besonders viel Geld.

Als Eribon seiner Mutter entgegnet, dass der Front National sicher nicht für sie Politik machen würde, dass diese Partei Abtreibungen verbieten wolle und sie doch selbst einmal abgetrieben habe, dass diese Partei Sozialleistungen wie die kostenlose medizinische Versorgung abschaffen wolle, widerspricht sie ihm nicht. »Das ist nicht das, wofür ich sie gewählt habe«, sagt sie stattdessen. Es gehe ihr darum, die anderen Parteien nicht mehr zu wählen. Sie sei bereit, gegen ihre Interessen zu stimmen, nur um nicht für die anderen zu stimmen. Es ist eine Form des Protestes, die einer Hilflosigkeit entspringt, weil sie nicht weiß, wie sie sonst protestieren soll. Es geht Eribons Mutter nicht allein um Geld oder soziale Sicherheit. Dann hätte sie nicht den Front National wählen dürfen. Es geht ihr um verlorene Hoffnung, um ihr Leben.

Enttäuschung und das Gefühl mangelnder Anerkennung führen zu genereller Ablehnung. Vernünftige Argumente ziehen nicht mehr. Es gibt gute Argumente, nicht bei Rot über die Ampel zu laufen oder zu fahren, denn die Statistik besagt, dass dies eine vergleichsweise häufige Todesursache ist. Und es gibt gute Argumente, in Regionalzügen oder Kirchen keine Angst zu haben – aber nach den Anschlägen der letzten Jahre wurden die Sicherheitsmaßnahmen in Zügen und Kirchen erhöht. Man kann das verstehen, aber man kann die Angst durch solche Maßnahmen nicht nehmen. Angst schafft sich eine eigene Realität. Folglich ist sie erstens nicht vernünftig, und zweitens sucht sie sich Mittel, ihre eigene Realität und Weltsicht zu bestärken. »Menschen, die aufgrund ihrer Angst wählen, wählen in Wahrheit nicht den Trost, sondern ein Szenario, in dem ihre Angst bestehen bleiben darf. Sie haben bereits viel in sie investiert. Angst will überleben«, schreibt Clemens Setz in der »Zeit«.

Die große Gefahr besteht darin, diesem Diskurs der Angst die Herrschaft über die eigenen Argumente zu geben. CDU und CSU sind erkennbar affin für diesen Angstdiskurs. Wenn sie zum Beispiel als Antwort auf Terroranschläge die Burka verbieten wollen, schaffen sie in Wahrheit ein neues Unsicherheitsgefühl. Keiner der Terroristen trug eine Burka, aber man gewinnt das Gefühl, wegen der Burka hätten wir ein massives Sicherheitsproblem. Wenn sie die Vorratsdatenspeicherung massiv ausbauen wollen, dann suggerieren sie, die Sicherheitsbehörden hätten die Lage nicht im Griff. Dabei ist der Anschlag von Nizza sogar während eines verhängten Ausnahmezustandes erfolgt. Und von den Attentätern von Brüssel und von Paris (sowohl im Bataclan als auch bei Charlie Hebdo) waren bis auf einen alle erfasst. Der Mörder von Rouen trug sogar eine Fußfessel. Anis Amri, der Attentäter vom Berliner Breitscheidplatz, war als Gefährder bekannt und wurde bis kurz vor seiner Tat überwacht. Das eigentliche Problem scheint also zu sein, dass man es nicht schafft, potenzielle Täter zu überwachen oder dingfest zu machen. Stattdessen sollen die Daten aller Menschen anlasslos gespeichert werden. Warum?

Weil Angst Maßnahmen ersinnt, die ihr recht geben. Wenn man die Armee im Inneren aufmarschieren ließe, würden wir dann sagen und denken, dass jetzt alles sicher sei? Wohl kaum. Und wenn man Menschen mit Zäunen aussperrt, dann erinnert einen der Zaun daran, dass es eine Bedrohung gibt. Die Spirale, die sich ergibt, ist die des Populismus. Er braucht die Angst als Selbstverstärker.

Das Gefährliche am Diskurs der Angst ist ihr Übergreifen auf den aufgeklärten Mehrheitsdiskurs. Und wenn Angst in Hysterie mündet, dann wird es für die Demokratie gefährlich. Dann wird Angst zum Gesetz.

Angst zu begegnen ist also eine politische Aufgabe.

Und sie muss gelöst werden. Wer eine progressive Politik will, der braucht eine offene, mutige Gesellschaft. Sie herzustellen, ist eine politische Aufgabe. Sie besteht als Erstes darin, die Sprache und Haltung der Politik zu ändern: runter vom hohen Ross, so reden, so argumentieren, dass andere ihre Argumente auch vorbringen können, dass sie gehört werden. Man muss die Argumente nicht teilen, aber wenn wir nicht endgültig in dumpfes Volkstum-Gedröhne abgleiten wollen, müssen wir jeden, der argumentiert, als Alliierten begreifen.

Die Angst vor der
Sprache der Offenheit

Wenn wir die Idee nicht aufgeben wollen, dass wir Menschen mehr sind als nur beseelte Punkte, die vor allem auf ihr jeweils eigenes Fortkommen achten, wenn wir andere Lebensentwürfe und Lebensläufe in ihrem Recht stehen lassen wollen, wenn wir uns nicht taub und stumpf machen wollen für Leid und Leidenschaft, wenn wir die Idee nicht aufgeben wollen, dass wir mehr sind als Monaden, die sich in Einsamkeit um sich selbst drehen, wenn wir also nicht in der Vereinzelung verschwinden wollen, dann müssen wir weniger klären, wer wir sind, als vielmehr, wer wir sein könnten. Und das bedeutet, eine Sprache zu finden, die grundsätzlich offen ist, die ein Gespräch ermöglicht, die übersetzt, die einlädt, die offen ist für Neues und anderes.

Aber das sagt sich viel leichter, als es sich einlösen lässt. Denn sosehr Sprache unsere Welt prägt, sosehr sind unsere sprachlichen Gewohnheiten eben auch durch unsere Geschichte und unsere Kultur geprägt. Und diese

sind ganz wesentlich die der Begrenzung, der Ausgrenzung, der Beherrschbarkeit.

Der indische Schriftsteller Amitav Ghosh hat in seinem Buch »Die große Verblendung« die literarischen
Texte untersucht, die sich mit der Klimakatastrophe beschäftigen. Und die es faktisch nur als Science-Fiction
gibt – als ferne, nicht reale Bedrohung. Ghoshs These ist,
dass etwas, das so groß ist wie der fundamentale Wandel
unserer natürlichen Umwelt, das sprachliche Darstel-
lungsvermögen übersteigt. Die Folgen der Klimakrise
wie Dürre und Hitze, Epidemien und Überschwem-
mungen, Hunger, Völkerwanderungen und politischen
Verwerfungen seien zu groß, um angemessene Bilder
oder Geschichten zu erfinden. Eine Literatur der Klimakrise müsste vom Untergang der Menschheit erzählen.
Und dafür gibt es in der modernen Darstellungswelt keinen kulturellen Rahmen, keinen Vorstellungsraum. Die
Klimakrise ist auch eine Kulturkrise, so Ghosh. Denn
die moderne Kultur versteht sich als Abkehr und be-
wusste Überwindung der Natur. Sie ist auf den Menschen fokussiert. In vormodernen Zeiten, in der Antike
etwa, war das noch anders. Die Werke von Homer handeln im Kern von natürlichen Kräften, die größer und
gewaltiger sind als die Menschen. Symbol und Bild dieses verdrängten Bewusstseins von Naturgewalten sind
die modernen Städte des Kolonialismus, die alle am

Wasser gebaut sind. Das unterscheidet sie von vorkolonialen Städten, die im Binnenland liegen. Der moderne Mensch glaubte, ja war sich sicher, der Gewalt des Wassers trotzen zu können, so Gosh. Das Meer konnte begrenzt, quasi selbst kolonialisiert werden. Städte in Meeresnähe symbolisieren menschliche Macht. Und eine Überheblichkeit gegenüber der Natur.

Wenn man will, kann man in diesen Befund – der ja einem Buch über die Klimakrise entnommen wurde – auch den Grund lesen, warum es uns so schwerfällt, eine Sprache der Offenheit zu sprechen, warum wir so verführbar sind von Grenzen, Obergrenzen und Trennungen.

Es gibt eine Krankheit, die Thalassophobie heißt. Thalassa ist eine Meeresgöttin der griechischen Mythologie. Und Thalassophobie ist die Angst vor offenen Gewässern, vor dem Unbekannten, die Furcht vor der Unbegrenztheit, vor den unsichtbaren Wesen in der Tiefe, weil man nicht weiß, was unter der Wasseroberfläche wartet. Ich glaube, unser Denken und unsere Sprache heute sind Ausdruck einer politischen Thalassophobie. Vor lauter Angst vor Kontrollverlust und dem Unwägbaren stellen wir uns dem Offenen und Existenziellen nicht mehr. Nicht nur der Klimakrise nicht. Auch nicht den sozialutopischen Vorstellungen, die in einem positiven Sinne die Welt radikal verändern können, nämlich etwa durch eine gerechte Verteilung des Reichtums, durch einen Umgang mit Tieren, der vom Grundsatz des Respekts lebt, einer Arbeitswelt, die von Anreiz und Anerkennung lebt.

Wenn wir politisch diskutieren, dann reden wir heute vor allem über Zahlen. Die Erderwärmung darf nicht mehr als 1,5 Grad betragen, maximal 2 Grad; wir müssen 7 Gigawatt Braunkohle sofort abschalten, den Verbrennungsmotor bis 2030 ersetzen. Das Kindergeld soll um 20 Euro in vier Jahren steigen, der Beitrag für die Krankenversicherung um 0,1 Prozent sinken, die Zahl der sachgrundlos befristet Beschäftigten bei Arbeitgebern mit mehr als 75 Beschäftigten auf 2,5 Prozent der Belegschaft reduziert werden. Erst recht gilt dieses Verlangen nach Beschränkung und Eingrenzung für jene Politikfelder, in denen Menschen schon sprachlich mit Naturkatastrophen – häufig mit Wassermetaphern – gleichgesetzt werden und auf die ich am Anfang hingewiesen habe. Die »Flüchtlingsflut« muss eingedämmt werden, wir dürfen keinen »Dammbruch« oder »Rohrbruch« zulassen, das »Boot ist voll«, dem »Flüchtlingsstrom« muss ein Deich vorgeschoben werden …

So rundet sich das Bild und weitet sich gleichzeitig. Die oben beschriebenen Sprachbilder und Metaphern des Wassers, Meeres, der Naturgewalt sind letztlich nur zugespitzte Ausdrücke einer gesellschaftlichen und politischen Konvention, sich nicht irritieren oder korrigieren zu lassen. Wir wollen immer die Herrschaft haben und sind deshalb verführbar durch eine Sprache der Herrschaft.

Ich schreibe dies wissend, dass auch ich Teil dieser Konvention bin. Auch von mir werden rationale Antworten erwartet, auch ich muss zuspitzen, und in dem Sinn endet diese kleine Schrift selbst offen. Aber wenn es richtig ist, dass Sprache eine Gesellschaft nicht abbildet, sondern immer auch mit bildet, und wenn es richtig ist, dass sich unsere Zeit und unsere Leben so schnell wandeln und die ausgrenzenden, abstempelnden Antworten diesen Wandel, die Unterschiedlichkeit und Vielfältigkeit unserer Lebensentwürfe leugnen, dann müssen wir in unserer Demokratie eine andere Form der politischen Kommunikation finden. Eine, die einlädt und fasziniert, die unsere Leidenschaft weckt und die diese Leidenschaft nicht durch Feindschaft auf das andere schürt. Dann müssen wir mehr Offenheit wagen. Mehr Meer sozusagen.

Die wahre Herausforderung: Zuversicht

Die Entfremdung von der Politik droht zur Mode zu werden. Ein Stolz darauf, nicht dazuzugehören, beginnt unsere Demokratie auszuhöhlen. Aber die Politik darf die Desorientierung und die Desintegration von Gruppen, Regionen und Milieus nicht den Gruppen, Regionen und Milieus selbst in die Schuhe schieben. Das wäre Neoliberalismus als politische Methode.

Wir brauchen eine kritische Antwort der Moderne auf sich selbst. Ein Aushalten der Offenheit, um politisch überhaupt gegenwärtig zu sein und unsere Zeit nicht nur als absurd zu erleben, aber eben auch eine neue Gründung des gesellschaftlichen Ausgleichs. Denn jenseits des klassischen Fingerzeigens auf die Globalisierung, die Digitalisierung oder die Aufhebung alter Werte und Normen bleibt der verstörende Befund, dass es eben die Moderne und der Liberalismus selbst sind, die die Gesellschaften teilen, ja spalten. Viele erkämpfte Freiheiten verunsichern andere oder werden als exklusiv empfunden, als ein Projekt nicht für alle, sondern nur für wenige Gleichgesinnte. Entsolidarisierung und Vereinzelung, ja Einsamkeit sind strukturelle Folgen der Ideen der Moderne. Das müssen wir verstehen, und dem müssen wir begegnen, wenn wir weiter politisch gestalten wollen.

Versuchen zu verstehen, bedeutet nicht, für alles Verständnis zu haben. Und erst recht nicht, sich allem zu beugen. Im Gegenteil. Aber es ist der Weg zu einer neuen Politik, die für Gemeinsinn streitet und so mehrheitsfähig werden kann. Denn das Problem von linken und progressiven Parteien ist – auch wenn sie es nicht (wahrhaben) wollen –, dass sie Widerstand auslösen, gerade weil sie der Offenheit und der Moderne verpflichtet sind. Das einfach nur hinzunehmen, wird nicht erfolgreich sein. Eine linke Politik des Status quo steckt in der Aporie fest. Je mehr sie für die alten Werte der Moderne streitet, desto mehr Menschen lässt sie in ihren konkreten Lebensumständen allein. So verliert sie Wahlkampf um Wahlkampf und findet keinen Zugriff mehr auf die Themen und Probleme unserer Zeit. Entsprechend verschärft sich soziale Ungleichheit sogar unter sozialdemokratischen Regierungen, vor allem aber verstärkt sich derzeit eine Spaltung zwischen gesellschaftlich liberalem Denken und gesellschaftlicher Illiberalität. Spiegelbildlich ist es die Aporie der Konservativen, dass Werte, die dauerhafte Gültigkeit beanspruchten, Traditionen oder zumindest Loyalitäten, in der globalisierten Welt nur noch als »Handelshemmnisse« gedeutet werden können.

Die Verdrossenheit mit der Politik ist nicht gleichzusetzen mit Politikverdrossenheit. Es ist nur so, dass es bisher noch nicht gelungen ist, eine fortschrittliche Idee für gesellschaftliche Bündnisse zu formulieren. Vielleicht auch, weil wir die Sprache dafür noch nicht gefunden haben. Und weil das nicht gelingt, bricht sich die politische Energie der Menschen in lauter kleinen Protestwählerhaltungen gegen alles und jedes Bahn. Doch auch in diesen Protestbewegungen und im Wutbürgertum kann man die – teils verzweifelte – Suche nach Anerkennung lesen. Und möglicherweise ist dieses Verlangen nach Anerkennung sogar ein stärkeres Motiv als tatsächlicher Programminhalt oder konkrete Anliegen.

Die Spurensuche nach einer anderen Sprache, der Umweg über die Romantik und Klassik und Paul Celan scheint mich sehr weit weg von der politischen Debatte unserer Gegenwart geführt zu haben. Durch ihn aber wurden die Möglichkeiten deutlich, wie eine offene, demokratische Kommunikation jedenfalls der Idee nach sein kann: anerkennend, geprägt von einer vernetzten, bewegten Welt, mit Bereitschaft zu Selbstkritik, einem Suchen. Wenn wir uns darauf einlassen, eine Einzelperspektive zu verabsolutieren, dann suchen wir sprachliche

Herrschaft über andere. Wenn wir versuchen, die Abhängigkeit und das Zusammenspiel von Meinungen anzuerkennen, dann arbeiten wir für eine Gemeinsamkeit. Statt Macht über andere kann so Ermächtigung anderer entstehen, statt meiner persönlichen Meinung eine geteilte, statt Monolog Gespräch.

Auch ich denke, wenn ich in Festzelten Aschermittwochsreden halte, wenn ich auf Landesbauerntagen vor 2000 zornigen Landwirten spreche, nicht an die Celan'schen »Hasenöhrchen« oder »Gänsefüßchen«. Im Gegenteil, dann geht es ja oft gerade darum, nicht gänsefüßig zu sein. Aber ich bin überzeugt, dass in der Reflexion über unsere Sprache und in der Kritik unserer politischen Kommunikation ein Schlüssel, ja vielleicht sogar das Geheimnis für die politische Praxis der Gegenwart liegt.

Das Gegenüber zu sehen und ernst zu nehmen, frei zu reden und auf Gegenargumente einzugehen, sich im besten Fall irritieren zu lassen, Fragen nicht gleich mit Antworten zuzudröhnen, auf Widersprüche einzugehen, auf Phrasen zu verzichten, sich nicht hinter Parteiprogrammen zu verschanzen, vielleicht sogar eigene Zweifel und Ängste zu thematisieren – das sind Elemente einer solchen sprachlichen Offenheit. Und mein Alltag als Politiker hat mir gezeigt, dass ein solches verstehendes Reden nicht nur erfolgreicher sein kann, sondern tatsächlich ein

Wir stiften kann. Nicht ein Wir, in dem sich alle einig sind. Das wäre weder möglich noch wünschenswert. Aber ein Wir, das einen Abend lang über ein Thema gerungen hat, Meinungen ausgetauscht, Argumente gewogen hat und das gemeinsam klüger geworden ist. So sind die guten Kompromisse entstanden, die ich als Minister schließen konnte, beim Stromnetzausbau, beim Bau von Windkraftanlagen, bei Konflikten zwischen Landwirtschaft und Naturschutz, zwischen Fischerei und Meeresschutz.

Und wenn es gut geht, laufen sogar Talkshows besser, wenn es tatsächlich manchmal gelingt, miteinander zu reden, öffentlich miteinander nachzudenken statt nur auswendig gelernte Sätze unterzubringen, damit sie anschließend getwittert und am nächsten Tag idealerweise in der Zeitung stehen.

Politik ist Sprache, und Sprache ist Politik. Wenn sie eine Wirklichkeit schafft, dann ist immer auch die Frage, welche Wirklichkeit sie schafft. Und wenn das Wie des Sprechens das Was der Politik mit ausmacht, dann ist das Verständnis von Sprache entscheidend. Es ist nicht schwer, zynisch, populistisch und verbittert zu sein, nicht schwer zu sagen, was nicht geht, nicht schwer, andere schlechtzumachen. Trauen wir uns dagegen, offen zu bleiben, angreifbar zu sein, verletzlich zu sein und optimistisch. Das ist die wahre Herausforderung: Zuversicht.

Das Buch

»Asyltourismus«, »Überfremdung«, »Gesinnungsdiktatur«, »Hypermoral«, »Volksverrat« – viel ist in den letzten Monaten über die Sprachverrohung in der Politik gesprochen worden. Nach einer langen Zeit, die eher von politischer Sprachlosigkeit geprägt war, ist nun eine Zeit des politischen Brüllens und Niedermachens angebrochen – nicht nur von Seiten der AfD. Doch was passiert da eigentlich genau? Wo verläuft die Grenze zwischen konstruktivem demokratischem Streit und einer Sprache, die das Gespräch zerstört, die ausgrenzt, entmenschlicht? Und ist das alles nur eine Frage des mangelnden Stils?

Mit viel Leidenschaft erinnert Robert Habeck in »Wer wir sein könnten« daran, dass die Frage, wie wir sprechen, entscheidend ist für die Gestaltungskraft unserer Demokratie. Dass Sprache – nicht nur in der Politik – den Unterschied macht. Und er entwirft die Skizze eines politischen Sprechens, das offen und vielfältig genug ist, um Menschen in all ihrer Verschiedenheit zusammenzubringen und in ein Gespräch darüber zu verwickeln, wer wir sein könnten, wer wir sein wollen. Dieses kluge Buch ist Teil dieses Gesprächs.

Der Autor

Robert Habeck, geboren 1969 in Lübeck, Studium der Philosophie und Philologie in Freiburg i. Br. und Hamburg. 2000 Promotion zum Doktor der Philosophie. Seit 1999 arbeitete er gemeinsam mit seiner Frau Andrea Paluch als Schriftsteller. Seit Anfang 2018 ist der ehemalige stellvertretende Ministerpräsident von Schleswig-Holstein Parteivorsitzender von Bündnis 90/Die Grünen. Bei Kiepenheuer & Witsch erschien 2016 seine politische Autobiografie »Wer wagt, beginnt«. Mit seiner Frau und vier gemeinsamen Söhnen lebt er in Flensburg.